# ANJOS
## PARA INICIANTES
### COMPREENDA E CONECTE-SE COM GUIAS E GUARDIÕES DIVINOS

Richard Webster

# ANJOS
## PARA INICIANTES

### Compreenda e Conecte-se com Guias e Guardiões Divinos

Tradução:
Soraya Borges de Freitas

MADRAS®

Publicado originalmente em inglês sob o título *Angels for Beginners*, por Llewellyn Publications.
© 2017, Llewellyn Publications.
Direitos de edição e tradução para o Brasil.
Tradução autorizada do inglês.
© 2018, Madras Editora Ltda.

*Editor:*
Wagner Veneziani Costa

*Produção e Capa:*
Equipe Técnica Madras

*Tradução:*
Soraya Borges de Freitas

*Revisão da Tradução:*
Bianca Rocha

*Revisão:*
Jerônimo Feitosa
Ana Paula Luccisano

**Dados Internacionais de Catalogação na Publicação (CIP)**
**(Câmara Brasileira do Livro, SP, Brasil)**

Webster, Richard
 Anjos para iniciantes : compreenda e conecte-se com guias e guardiões divinos / Richard Webster ; tradução Soraya Borges de Freitas. -- São Paulo : Madras, 2018.
 Título original: Angels for beginners : understand & connect with divine guides & guardians.
 Bibliografia.
 ISBN: 978-85-370-1086-0

 1. Anjos I. Freitas, Soraya Borges de. II. Título.

17-07109                                 CDD-202.15

Índices para catálogo sistemático:
1. Anjos : Cristianismo 202.15

É proibida a reprodução total ou parcial desta obra, de qualquer forma ou por qualquer meio eletrônico, mecânico, inclusive por meio de processos xerográficos, incluindo ainda o uso da internet, sem a permissão expressa da Madras Editora, na pessoa de seu editor (Lei nº 9.610, de 19/2/1998).

Todos os direitos desta edição, em língua portuguesa, reservados pela

**MADRAS EDITORA LTDA.**
Rua Paulo Gonçalves, 88 – Santana
CEP: 02403-020 – São Paulo/SP
Caixa Postal: 12183 – CEP: 02013-970
Tel.: (11) 2281-5555 – Fax: (11) 2959-3090
www.madras.com.br

# Dedicatória

Para Kiera, nosso mais novo anjo.

# Índice

Introdução ............................................................................................. 9
**Capítulo 1:** O Que São os Anjos? ................................................... 15
**Capítulo 2:** A Hierarquia dos Anjos ............................................. 27
**Capítulo 3:** Seus Anjos da Guarda ................................................ 37
**Capítulo 4:** Os Arcanjos ................................................................. 63
**Capítulo 5:** Os Anjos Especialistas ............................................... 85
**Capítulo 6:** Comunicação com os Anjos ..................................... 99
**Capítulo 7:** Trabalho com os Anjos ............................................ 119
**Capítulo 8:** Visitações Angélicas ................................................. 139
Conclusão ........................................................................................... 147
Apêndice A: Anjos na Arte, na Literatura e na Música ............. 149
Apêndice B: Anjos para Diferentes Propósitos ........................... 163
Referências Bibliográficas .............................................................. 167

# Introdução

Eu não via muito minha avó quando era pequeno, pois ela morava a milhares de quilômetros de distância. Por isso, quando ela vinha me visitar, costumava ficar por algumas semanas. Era uma mulher severa e seca, mas eu me lembro de vários momentos de ternura. Um deles era ela sentada na beirada da minha cama quando eu tinha uns 5 ou 6 anos, ensinando-me orações de crianças e cantigas tradicionais. Aquela que eu mais lembro é esta conhecida oração:

> *Mateus, Marcos, Lucas e João,*
> *Abençoai meu leito.*
> *Quatro anjos ao meu lado,*
> *Quatro anjos ao meu redor.*
> *Um para observar, outro para rezar,*
> *E dois para minha alma transportar.*

Felizmente, só soube o que o último verso significava muitos anos depois. Essa deve ter sido a primeira vez que eu ouvia falar em anjos.

Eu frequentava uma escola anglicana e lá só aprendi que os anjos eram "assistentes de Deus" e transmitiam mensagens de e para Ele. Amigos católicos que moravam perto de mim costumavam mencionar seus anjos da guarda. Quando perguntei ao capelão da minha escola sobre eles, ele me disse que as crianças que frequentavam a escola católica no final da rua tinham anjos da guarda, mas nós não precisávamos deles. Eu tinha uns 20 anos quando descobri que não só tinha um anjo da guarda, como também necessitava dele. Demorei anos para aprender que os anjos eram muito mais do que isso.

Outras pessoas descobrem os anjos quando veem um pela primeira vez ou sentem sua presença. Um amigo meu morava no Japão há muitos anos. Uma noite, ele acordou e viu um pequeno anjo alado vestido com um quimono. Ele não era religioso e ficou surpreso em ver um anjo.

Minha vizinha vê anjos em várias ocasiões diferentes. Ela os vê como bolas de luz dourada brilhante. Ela acha reconfortante vê-los, pois eles sempre aparecem nas ocasiões em que ela precisa de ajuda ou tem uma decisão importante para tomar.

Muitos sentem a presença de um anjo, mas só percebem depois. Um bom exemplo é o de uma senhora que viajava para ver seu neto que morava a quilômetros de distância. Era inverno e ela tinha dificuldade em dirigir por estradas cobertas de neve. Ela encontrou um lugar para estacionar o carro no acostamento e resolveu esperar até as condições melhorarem antes de continuar a viagem. Ela trancou todas as portas, abaixou o banco de trás e tentou dormir. Uns 30 minutos depois, ouviu uma batida suave, mas persistente no vidro. Ela me disse que estava curiosa e, o que era incomum no caso dela, não teve medo. Abriu um pouco a janela e perguntou quem estava lá.

Um jovem, vestindo um terno impecável, aproximou-se da janela e a cumprimentou. Ele disse que morava em uma fazenda próxima e a tinha visto estacionar o carro. Como estava nevando e a temperatura despencava, ele tinha ido ver se poderia ajudá-la.

"Você pode passar a noite na nossa fazenda, se quiser", ele disse. "Ou eu poderia dirigir seu carro até a casa de seu neto."

A mulher ficou tão surpresa que só depois pensou como era estranho alguém que vivia em uma fazenda usar um terno ou o fato de ele saber que ela ia ver seu neto.

"Eu realmente quero ir para a casa da minha filha", disse ela.

O homem pareceu tão honesto e sincero que ela o deixou dirigir seu carro pelo resto do percurso. No meio do caminho, ela lhe perguntou como ele voltaria para sua fazenda. O homem sorriu e disse: "Tem alguém me esperando para me levar de volta". Mais uma vez, essas palavras surpreendentes pareceram perfeitamente normais para uma mulher cansada e confusa.

Quando eles chegaram ao destino, o jovem levou a bagagem dela até a porta da frente, entregou as chaves do carro e se virou para ir embora.

"Obrigada", a mulher exclamou. "Qual é seu nome, por favor?"

O homem sorriu, caminhou até o portão e desapareceu. Enquanto ela batia na porta de sua filha, achou que deveria ter tido uma alucinação e que, na verdade, ela mesma dirigiu o tempo todo. Ela afastou completamente esse pensamento quando seu neto abriu a porta e perguntou quem era o homem que ele tinha visto carregar suas malas até a porta. Agora essa mulher acredita em anjos, pois se convenceu totalmente de que o jovem que a ajudou era, na verdade, um anjo.

Algumas pessoas recebem mensagens regulares de anjos, que costumam aparecer como pensamentos em sua mente, embora alguns ouçam as mensagens como se alguém falasse com eles. Uma conhecida me contou que ela recebia e obedecia a mensagens angelicais há mais de 40 anos.

Em certa ocasião, ela viajava de ônibus e se preparava para descer no ponto seguinte. Ela recebeu um pensamento pedindo-lhe que permanecesse no ônibus. Ficou surpresa, mas, confiando em seu anjo da guarda, permaneceu onde estava. Dois pontos depois, um homem subiu no ônibus e sentou ao seu lado. Ele tinha um belo sorriso, e logo eles estavam batendo papo como se fossem velhos amigos. Quando ele chegou ao seu destino, perguntou se ela queria tomar café em sua companhia. Ela aceitou. Enquanto descia do ônibus, ela pensava se isso não era inadequado. Porém, ela se sentia confortável com o homem e eles tiveram uma conversa agradável enquanto bebericavam seus cafés. Quando terminaram, eles trocaram seus números de telefone. O relacionamento deslanchou e, apenas dois anos depois, eles se casaram. Se essa mulher não tivesse escutado seu anjo da guarda, provavelmente jamais teria conhecido seu futuro marido.

Diversas pessoas já sentiram o toque de um anjo. Um conhecido meu foi visitar sua esposa no hospital. Ela estava em estado terminal de câncer e definhava rápido. Enquanto ele estava sentado ao lado da cama tentando conter suas lágrimas, sentiu um toque suave em sua bochecha. Saber que estava cercado por anjos lhe deu um conforto e a certeza de que ele e sua esposa se encontrariam de novo e continuariam seu relacionamento na outra vida.

Algumas pessoas me disseram que se sentiram envoltas por asas de anjos em ocasiões em que necessitavam de proteção. Embora não tenham conseguido ver o anjo, elas receberam conforto e força ao saberem que eram ajudadas pelos anjos quando mais precisavam.

Desde o início da civilização, muitos acreditam que os sonhos são uma forma bem eficaz para os seres divinos enviarem mensagens às pessoas. Quando sonhamos, nossa mente fica mais receptiva às imagens e ao simbolismo das mensagens que vêm do divino. Ao longo dos anos, muitos dividiram comigo suas experiências com anjos em seus sonhos. Isso não é uma surpresa, pois, quando dormimos, nós temporariamente relaxamos o hemisfério esquerdo do nosso cérebro, mais racional, conseguimos acessar nosso subconsciente e ficamos conscientes das mensagens divinas.

Muitas pessoas recebem sinais de uma presença angelical. Algumas notam penas brancas ou sentem um delicado e belíssimo aroma floral que anuncia a presença de anjos. Outras ouvem uma música angelical, como se um coro magnífico cantasse apenas para elas. Lampejos inexplicáveis podem ser um sinal de anjos. Algumas pessoas os veem em nuvens, enquanto outras têm uma forte sensação de que estão na companhia deles. Parece que os anjos podem anunciar sua presença de muitas formas diferentes, particulares a cada indivíduo.

Não importa como você sente os anjos. O importante é recebê-los com alegria na sua vida e permitir sua ajuda. Espero que com este livro você aprimore seu conhecimento dos anjos e consiga senti-los.

O capítulo 1 discute os anjos: o que são, como são e o que fazem. O capítulo 2 analisa a hierarquia dos anjos, que explica como eles são divididos em diferentes grupos. É parecido de muitas formas com um departamento do governo, com várias categorias distintas. O capítulo 3 discute os anjos da guarda. Todos nós temos um anjo especial que nos protege, nos auxilia e nos guia desde que nascemos. Esse capítulo o ajudará a se comunicar com seu anjo da guarda e a fortalecer a conexão que você tem com ele. O capítulo 4 analisa os arcanjos, focando principalmente nos "quatro grandes": Miguel, Gabriel, Rafael e Uriel. O capítulo 5 apresenta os anjos especialistas, como os anjos da cura e da abundância, que o ajudam em situações especiais. O capítulo 6 trata da comunicação com os anjos. O capítulo 7 discute como trabalhar com os reinos angélicos. Vários rituais estão inclusos para ajudá-lo com isso. O capítulo 8 apresenta as visitações de anjos ao longo da história e discute diversos exemplos específicos de comunicação angelical. O apêndice A analisa o papel dos anjos na arte, na literatura e na música. O apêndice B contém uma lista de problemas e queixas e sugere anjos específicos para ajudá-lo a resolvê-los. Todas as citações bíblicas vieram da versão autorizada do Rei Jaime. As referências no texto incluem os números do capítulo e dos versículos.

Espero que este livro o estimule a se aprofundar no mundo dos anjos e a torná-los parte integrante da sua vida.

# Capítulo 1

# O que São os Anjos?

Os dicionários definem os anjos como seres espirituais assistentes de Deus e que agem como mensageiros divinos. Quase todas as grandes religiões aceitam a ideia de anjos agindo como intermediários entre Deus e a humanidade. Na verdade, a palavra anjo vem do grego *angelos*, que significa "mensageiro". Na Bíblia, os anjos são descritos como "espíritos servidores, enviados para servir a favor dos que devem herdar a salvação" (Hebreus 1:14). Os anjos são servos de Deus que existem apenas para realizar sua vontade (Tobias 12:18). João Damasceno escreveu este relato detalhado do que é um anjo: "uma essência inteligente, em movimento perpétuo, com livre-arbítrio, incorpórea, servindo a Deus, tendo obtido por graça uma natureza imortal; e apenas o Criador conhece a forma e a limitação de sua essência" (JOHN OF DAMASCUS, [1899] 2009).

São Tomás de Aquino acreditava que os anjos eram compostos de pensamento puro ou intelecto. Eles poderiam assumir corpos físicos sempre que quisessem, mas até estes eram compostos de pensamento puro. Mestre Eckhart, o teólogo e filósofo alemão, escreveu: "É tudo isso o que um Anjo é: uma ideia de Deus" (VON HOCHHEIM, 1998).

Ainda que muitos tenham tentado, ninguém conseguiu dar uma resposta conclusiva à questão: "O que são os anjos?". O consenso geral parece ser que eles são seres celestiais de luz pura que operam em uma frequência vibratória diferente da nossa. Isso os torna invisíveis aos olhos humanos. Porém, os anjos podem alterar suas vibrações sempre que quiserem. Quando eles abaixam suas vibrações até um nível humano, nós podemos sentir sua presença e às vezes até vê-los. Os anjos protegem e guiam a humanidade e costumam aparecer em situações extraordinárias, como quando alguém precisa de ajuda, proteção ou conforto. Embora a visão tradicional de um anjo seja a de um pequeno querubim com asas, os anjos podem alterar suas figuras e formas sempre que desejarem. Isso significa que você pode ver um anjo como uma pessoa, uma borboleta ou outra figura alada, um arco-íris, uma luz brilhante ou qualquer outra coisa. Eles não têm gênero e podem aparecer tanto na forma masculina como na feminina. Porém, todas as referências aos anjos na Bíblia parecem ser masculinas. Na tradição judaica, os anjos são considerados masculinos.

Os anjos podem aparecer em qualquer forma que quiserem. Na Bíblia, eles sempre aparecem como homens adultos, mas há muitos relatos de anjos aparecendo como crianças, adolescentes e mulheres. Isso ocorre porque essas pessoas costumam parecer inofensivas e nós estamos preparados para ouvi-las e nos comunicarmos com elas. Em geral, as pessoas esperam que eles tenham asas, mas isso é raro quando eles resolvem aparecer como seres humanos.

O Santo Padre Pio sempre viu seu anjo da guarda como uma criança. Em uma ocasião, ele respondeu a uma batida na sua porta, dizendo: "Ah, é você, meu Anjinho. É você, Menininho" (PARENTE, 1983, p. 28-29).

Os anjos geralmente são retratados como guerreiros na infinita batalha contra o mal. Deve ser por isso que eles costumam ser descritos como homens. Por serem poderosos, as primeiras palavras de um anjo a um ser humano na Bíblia são: "Não tenhas medo" (Daniel 8:17; Daniel 10:11; Mateus 28:5; Marcos 16:6; Lucas 1:12-13; Lucas 2:9; Atos 10:4).

Alguns dizem que as asas dos anjos foram criadas por artistas para demonstrar a diferença entre eles e os humanos em suas obras de arte. No entanto, no livro do Êxodo, escrito no século VI a.C., há uma menção a anjos com asas. Quando Deus solicitou a Moisés que construísse a Arca da Aliança, ele lhe disse especificamente: "farás dois querubins de ouro, de ouro batido os farás, nas duas extremidades do propiciatório. Faze-me um querubim numa extremidade e o outro na outra: farás os querubins de uma só peça com o propiciatório nas duas extremidades. E os querubins estenderão para cima suas asas, cobrindo o propiciatório com suas asas, um voltado para o outro" (Êxodo 25:18-20).

No livro dos Jubileus, um dos textos religiosos apócrifos que foi deixado de fora da Bíblia, está escrito que os anjos foram criados no primeiro dia, depois dos céus e da terra, mas antes do firmamento. Isso significa que os anjos puderam auxiliar Deus com sua Criação. No entanto, a crença tradicional afirma que os anjos foram criados no segundo dia da Criação. Não importa qual dia esteja correto, os anjos vivem no céu com Deus. Eles não têm emoções, como raiva ou inveja, que deixam as pessoas infelizes. Com essa falta de negatividade, eles podem viver na divina presença e desfrutar da presença de Deus.

Os anjos têm livre-arbítrio. Lúcifer é o exemplo mais famoso disso. Ele não se contentava em ser um dos anjos mais importantes e decidiu cobiçar o poder de Deus. Isso levou à guerra no céu, que Lúcifer perdeu. Ele e seus seguidores (um terço de todos os anjos, segundo dizem) foram expulsos do paraíso.

Outras fontes acreditam que os anjos cultuam Deus sem parar, 24 horas por dia. Como eles não precisam dormir, podem cultuar e louvar a Deus continuamente por toda a eternidade.

Ninguém sabe quantos anjos existem, mas o número é enorme. Em Apocalipse 5:11, João descreve: "ouvi a voz de muitos anjos ao redor do trono, e dos animais, e dos anciãos; e o número deles era milhões de milhões, e milhares e milhares".

## Anjos por toda a História

A crença em anjos é antiquíssima. A representação de um anjo mais antiga conhecida está em uma estela suméria de 6 mil anos de idade. Ela mostra uma figura alada despejando a água da vida em uma taça pertencente a um rei (ROLAND, 1999, p. 12). Há 5 mil anos, os antigos sumérios acreditavam em mensageiros divinos e anjos da guarda. Eles eram chamados de *anunnaki*, que significa "criaturas do céu" (GARRETT, 2015, p. 64). Muitos dos entalhes em pedra sumérios de seres alados ainda existem.

Dois mil e quinhentos anos depois, um anjo chamado Vohu Manah transmitiu a mensagem de Deus a um místico persa chamado Zoroastro, fundador do Zoroastrismo. Essa religião ainda é praticada atualmente por cerca de 100 mil pessoas no Irã e na Índia ocidental. O Zoroastrismo teve uma enorme influência nas crenças do Judaísmo, do Cristianismo e do Islamismo. Nessa religião, existem seis arcanjos e vários anjos menores, incluindo anjos da guarda que cuidam dos interesses de um ser humano. Esses anjos da guarda se chamam *fravashi*.

O conceito dos anjos da guarda também era forte na antiga Mesopotâmia, onde as pessoas eram "cercadas e protegidas por um ou mais seres sobrenaturais encarregados dessa função específica" (OPPENHEIM, 1964, p. 199).

O Judaísmo adotou os anjos como parte de seu sistema de crenças. Isso incluiu o conceito de arcanjos. No Antigo Testamento, dois arcanjos são mencionados por nome: Miguel e Gabriel. Dois outros, Rafael (no livro de Tobias) e Uriel (no livro de Esdras), aparecem no Antigo Testamento apócrifo.

Apenas no século VIII d.C. o Cristianismo reconheceu a realidade dos anjos. Em 325 d.C., o Primeiro Concílio Ecumênico aceitou a existência deles. Entretanto, isso foi revogado 20 anos depois, quando o Segundo Concílio concluiu que a crença nos anjos impedia as pessoas de cultuarem Cristo. Enfim, em 787 d.C., o Sétimo Sínodo Ecumênico decidiu que a Igreja Cristã acreditava que os anjos foram criados para interceder entre os homens e Deus.

O Cristianismo criou uma burocracia de anjos, listando-os em categorias, algo parecido com uma hierarquia empresarial. No Novo Testamento há menção a tronos, dominações, virtudes, potestades, principados, arcanjos e anjos. Outras duas categorias, os querubins e os serafins, aparecem no Antigo Testamento, resultando em nove categorias de anjos.

A Santa Hildegarda de Bingen, mística, abadessa, compositora e escritora alemã, acreditava que a hierarquia dos anjos se organizava em círculos concêntricos, o que facilitava a comunicação entre os grupos. Ela também acreditava em anjos da guarda, mas sentia que eles existiam apenas para ajudar aqueles que temiam e amavam Deus (HILDEGARD OF BINGEN, 1985).

São Tomás de Aquino, filósofo, teólogo e jurista italiano, escreveu a *Suma Teológica*, que explica como os anjos se comunicam, viajam e por que são essenciais para a vida na Terra. Ele acreditava que os anjos foram criados do puro intelecto, mas poderiam usar a energia mental para criar uma forma física sempre que necessário.

No século XVI, o dr. John Dee, célebre astrólogo e ocultista, e seu vidente, Edward Kelley, afirmaram ter transcrito a língua secreta dos anjos. A gramática e a sintaxe perfeitas, sem falar na beleza dessa língua enoquiana, não nos deixam dúvidas de que eles se comunicaram com o reino dos anjos.

No século XIX, a Ordem Hermética da Aurora Dourada adotou essa língua dos anjos. Isso fomentou todo um novo interesse no assunto, e a língua enoquiana ainda hoje é usada na magia cerimonial.

Emanuel Swedenborg, eminente cientista e filósofo sueco, é indiscutivelmente considerado a pessoa mais famosa na história da angeologia. Ele se comunicava com regularidade com os anjos e escreveu muitos livros sobre suas experiências. Ele afirmava ter visitado o céu e falado com os anjos. Acreditava que, como os anjos não refletem os raios de sol, eram invisíveis à maioria das pessoas e poderiam ser vistos apenas pela intuição. Embora achasse que poucos indivíduos pudessem falar com os anjos diretamente, ele sentiu que todos poderiam se beneficiar ao aprender mais sobre eles. Ele também acreditava que todos os anjos viveram na Terra como seres humanos antes de se tornarem anjos.

O teólogo suíço Karl Barth acreditava que os anjos traziam o céu para as pessoas na Terra. Segundo o teólogo, quando eles falam conosco, na verdade nós ouvimos Deus. Da mesma forma, quando os anjos agem, é Deus agindo. Karl Barth achava que os anjos estavam acima e abaixo de nós. Eles estavam acima de nós por poderem observar Deus em ação. Entretanto, também estavam abaixo de nós, pois a obra de Deus era direcionada aos humanos, não ao reino angélico. Ele escreveu: "Negar os anjos é negar Deus" (BARTH, 1960, p. 486).

## Anjos no Cristianismo

Muito do nosso conhecimento sobre os anjos vem da tradição cristã, embora nem todos os primeiros padres cristãos estivessem preparados para aceitá-los.

Gradativamente, o Cristianismo adotou o conceito dos anjos da guarda, embora haja uma divergência sobre se Deus dá a cada um de nós um anjo individual. Três passagens na Bíblia parecem se referir a anjos da guarda:

1. "Pois em teu favor ele ordenou aos seus anjos que te guardem em todos os teus caminhos. Eles te levarão em suas mãos para que teus pés não tropecem numa pedra" (Salmos 91:11-12).
2. Jesus, falando sobre as crianças, disse: "No céu os seus anjos sempre veem continuamente a face de meu Pai que está nos céus" (Mateus 18:10).
3. Atos 12 relata como um anjo resgatou Pedro da prisão. As pessoas na casa de Maria, mãe de João Batista, declararam: "É seu anjo" (Atos 12:15).

De acordo com a Bíblia, um anjo é um ser muito inteligente que "sabe tudo o que se passa na terra" (2 Samuel 14:20). Os anjos são mais conhecidos como mensageiros de Deus. Eles têm um forte senso de certo e errado e, quando necessário, servem como guerreiros de Deus. Dão ajuda e proteção a quem precisa. Um dos versículos mais conhecidos da Bíblia sobre anjos diz: "Pois em teu favor ele ordenou aos seus anjos que te guardem em todos os teus caminhos" (Salmos 91:11). Como os anjos são imortais, eles não precisam se reproduzir. Portanto, eles não têm gênero e podem aparecer na forma que quiserem. Eles costumam aparecer como seres humanos. Os anjos estão sempre a serviço do trono de Deus.

## Anjos no Judaísmo

Na tradição judaica, os anjos são seres espirituais sem qualidades físicas. As asas e os braços, mencionados nos escritos judaicos, não devem ser interpretados ao pé da letra, pois eles se referem às qualidades espirituais dos anjos. A palavra hebraica para anjo é *malach*, que significa mensageiro. Os anjos não têm livre-arbítrio, e são criados para cultuar Deus e ser seus mensageiros. Ao contrário da tradição cristã, os anjos judaicos são programados para fazer tarefas específicas. Alguns são criados para realizar uma tarefa determinada, e, depois de terminá-la, deixam de existir. Eles cantam e louvam a Deus em diferentes ocasiões, revezando-se para garantir que Deus seja venerado 24 horas por dia.

Os filósofos judaicos gostam de discutir se os anjos que aparecem na Torá, os primeiros cinco livros da Bíblia, estavam na forma física ou eram enxergados em uma visão e pareciam ter um corpo físico.

Os anjos não são cultuados na tradição judaica. Deus toma todas as decisões, e os anjos existem apenas para executar suas ordens.

Na tradição judaica, Miguel é considerado o guardião dos israelitas. Ele é benevolente e gentil, mas forte e poderoso quando necessário. Ele é o anjo que costuma ser escolhido para executar as instruções de Deus. Gabriel é o anjo da força e do julgamento. Rafael é o anjo da cura, e Uriel estimula as pessoas a encontrar o caminho certo e permanecer nele.

## Anjos na Igreja de Jesus Cristo dos Santos dos Últimos Dias

Um encontro angélico significativo ocorreu nos Estados Unidos em 21 de setembro de 1823. Um anjo chamado Moroni apareceu para um jovem chamado Joseph Smith e lhe disse para ir até uma colina no estado de Nova York, onde ele poderia encontrar várias placas de ouro contendo o Livro de Mórmon. Moroni apareceu para ele três vezes durante a noite e de novo no dia seguinte. Joseph Smith encontrou as placas, mas não conseguiu removê-las. Moroni apareceu mais uma vez e disse que era cedo demais para reaver as placas e traduzi-las do hebraico para o inglês. Joseph esperou pacientemente por quatro anos. Depois de traduzidas as placas, Moroni apareceu novamente e levou-as de volta para o céu. Nesse momento, Joseph já tinha aprendido o suficiente para inaugurar a Igreja de Jesus Cristo dos Santos dos Últimos Dias. Atualmente, há uma grande estátua de Moroni no topo do Tabernáculo Mórmon em Salt Lake City.

Joseph Smith também afirmava que certas pessoas talentosas podem se tornar anjos após a morte. Consequentemente, João Batista, agora um anjo, restabeleceu o sacerdócio aarônico. Da mesma forma, Pedro, Tiago e João, antigos apóstolos, mas agora anjos, restabeleceram o sacerdócio de Melquisedeque. Nessa religião, todos os anjos viveram como seres humanos ou se tornarão humanos em algum momento no futuro. Os anjos que possuem um corpo físico viveram na Terra como seres humanos, ao passo que aqueles sem um corpo físico ainda não viveram como tal. Na religião Mórmon, Adão, o primeiro homem, é considerado o Arcanjo Miguel, e Noé agora é o Arcanjo Gabriel.

Os mórmons acreditam que os anjos são mensageiros de Deus. Eles se parecem com seres humanos e não têm asas. Não são cultuados nem venerados, pois tudo que fazem é sob a direção de Jesus Cristo. Não existem anjos da guarda nessa religião, mas os anjos transmitem conforto, ajuda, proteção e amor aos humanos.

## Anjos no Islamismo

Os anjos também desempenham um papel importante no Islamismo. A crença neles é um dos seis pilares da fé. Na Jornada Noturna, uma das pedras fundamentais do Islamismo, Djibril (o anjo Gabriel, também conhecido como Jibril, Jibra'il e Gibrail no Islamismo) visitou Maomé em Meca e voou com ele para Jerusalém, onde eles falaram com Abraão, Moisés, Jesus, João Batista, entre outros profetas. Depois disso, eles subiram uma escada para os céus, onde Djibril o levou para encontrar Deus. Foi lá que Maomé aprendeu as doutrinas básicas do Islamismo. Foi Djibril quem revelou o Alcorão, o livro sagrado do Islamismo, para Maomé.

No Islamismo, os anjos podem aparecer em diferentes formas, principalmente em visões e sonhos. Maria viu Djibril como um homem (Alcorão 19:17). Os anjos visitaram Abraão na forma de homens. No entanto, a maioria das pessoas não consegue determinar como eles se parecem.

O Arcanjo Gabriel leva o crédito por ensinar a Maomé os princípios básicos da fé muçulmana. No Islamismo, dois anjos, Munkar e Nakir, questionam a fé dos indivíduos no Dia do Julgamento. Djibril, o anjo da revelação, refere-se ao arcanjo cristão Gabriel. Mikal, o anjo islâmico da natureza, pode-se referir a Miguel. Izrail é o anjo islâmico da morte, e Israfil é o anjo que sopra a trombeta no Dia do Julgamento.

Os muçulmanos também acreditam em anjos da guarda. O verso 4 da Sura 86 do Alcorão diz: "Cada alma tem sobre si um guardião". Na realidade, todos têm dois anjos da guarda que cuidam das pessoas e registram tudo o que elas fazem. Um zela o indivíduo durante o dia e o outro o protege durante a noite. No Islamismo, os anjos não têm livre-

-arbítrio e realizam apenas as tarefas que Deus os ordena fazer. Eles não transmitem as orações dos seres humanos a Deus, por exemplo.

O Judaísmo, o Cristianismo e o Islamismo são as três crenças abraâmicas, e todas acreditam na existência dos anjos. Seres parecidos com anjos também aparecem em outras religiões.

## Anjos no Hinduísmo

No Hinduísmo não existem anjos, mas há vários seres espirituais que agem como eles. Os hindus acreditam nos *devas*, os "iluminados", que vivem em um plano mais elevado do que o dos seres humanos. Eles são espíritos benevolentes cuja tarefa é motivar, proteger e estimular a humanidade. Há também os *asuras*, espíritos do mal. Eles são *devas* caídos que vivem em um plano espiritual mais baixo do que os *devas*. Felizmente, para eles, podem reencarnar em *devas* se realizarem boas ações. Eles passam seu tempo prejudicando as pessoas e impedindo seu desenvolvimento espiritual.

## Anjos no Budismo

Os budistas não têm anjos como os conhecemos. Porém, eles têm *devas*, que são seres espirituais que costumam aparecer como emanações de luz. Os *devas* não se envolvem nas ações da humanidade. No entanto, eles se alegram sempre que é feita uma boa ação em qualquer lugar do mundo.

## Anjos bons e maus

Os Sentinelas (também conhecidos como Grigori) são uma ordem de anjos que têm a tarefa de ensinar a humanidade. De acordo com o primeiro livro de Enoque, de cerca de 1.200 anos, 200 membros dessa ordem sentiram desejo por mulheres humanas e desceram à Terra no topo do Monte Hérmon, uma montanha localizada a cerca de 160 quilômetros ao norte de Jerusalém. Eles ficaram nervosos e preocupados com a reação de Deus ao que eles propunham. Por isso, fizeram um pacto de que cada um teria relações sexuais com as mulheres. Demorou mais nove dias para eles fazerem contato com os seres humanos. Muito rápido, cada um dos anjos "se corrompeu". Além disso, eles também ensinaram as mulheres a usar maquiagem e a decorar seus corpos com pedras preciosas, braceletes e ornamentos de metal. Ensinaram igualmente os povos a fabricar e usar armas e transmitiram técnicas de adivinhação. Deus ficou muito desapontado com o que esses anjos fizeram e mandou Gabriel mantê-los presos na Terra até o Dia do Juízo Final.

Uma passagem intrigante no livro do Gênesis alude a esses "filhos de Deus" (Gênesis 6:1-4). Eles eram anjos que se apaixonaram por mulheres mortais. Os filhos desses casamentos entre anjos e seres humanos chamavam-se Néfilins. Eles eram gigantes com mais de 150 metros que precisavam de grandes quantidades de alimento e, quando este acabava, eles comiam os seres humanos e até outros Néfilins. Por fim, Deus provocou o Dilúvio para eliminá-los para sempre. Quando eles vieram à Terra, os Sentinelas foram proibidos de voltar ao céu.

Em uma versão da história, dois anjos, Shemhazai e Azael, foram autorizados a visitar a Terra para ver se a humanidade era meritória e boa. Porém, os dois anjos ficaram atiçados pelo desejo e dormiram com mulheres. Shemhazai admitiu seu pecado e se transformou na constelação de Órion. Azael recusou-se a se arrepender e ainda ofereceu adornos e vestimentas para as mulheres na esperança de levá-las ao pecado. Por isso, os pecados de Israel são atirados de um precipício para ele todos os anos no Dia do Perdão.

Há outra história sobre uma jovem virgem que resistiu às abordagens desses anjos. Ela pediu para eles as asas emprestadas. Uma vez com elas, ela voou aos céus e visitou o Trono de Deus. Depois de ouvir sua história, Deus a transformou na constelação de Virgem.

## Quantos anjos existem?

A resposta lógica a essa questão é "quantos forem necessários". No entanto, as pessoas nem sempre são lógicas, e uma grande variedade de possíveis números foi sugerida. A Bíblia relata que Daniel viu milhões e milhões de anjos em uma visão (Daniel 7:10). Quando o profeta Enoque voltou do céu, ele disse ter visto "inumeráveis anjos, milhares de milhares e miríades de miríades" (1 Enoque 70:10). O

*Zohar* fala em 600 milhões de anjos criados no segundo dia da Criação (3:217a). Entretanto, anjos adicionais foram criados em outras ocasiões. Alberto, o Grande, o monge dominicano que deu aulas para São Tomás de Aquino, acreditava que o total era de quase 4 bilhões (GUILEY, 1996, p. 37). Eu ainda acho que a resposta é "quantos forem necessários".

## A guerra no céu

A guerra no céu ocorreu quando Lúcifer, o anjo mais belo e sábio de todos, resolveu que não precisava mais aceitar a autoridade de Deus. No livro de Ezequiel, Deus fala a Lúcifer: "Foste íntegro em todos os teus caminhos desde o dia da tua criação até o dia em que se achou maldade em ti" (Ezequiel 28:15).

O profeta Isaías descreve o crime de Lúcifer: "Como caíste do céu, ó Lúcifer, filho da aurora! Como foste atirado à terra, enfraquecendo as nações! No entanto, dizias em teu coração: hei de subir ao céu, colocarei meu trono acima das estrelas de Deus" (Isaías 14:12-13). É possível que essa passagem de Isaías pretendesse descrever o rei da Babilônia em vez de Lúcifer. No entanto, como resultado disso, os nomes Lúcifer e Satanás tornaram-se sinônimos. Além desses, o Diabo tem muitos outros nomes, incluindo Abaddon, Asmodeus, Belzebu, Beliel, Dragão, Príncipe das Trevas, Serpente e Cobra.

Aproximadamente um terço dos anjos do céu se uniu a Lúcifer. Em 1273, o cardeal-bispo de Túsculo afirmou que eram 133.306.668 anjos (RONNER, 1993, p. 67). Nunca se soube quem os contou.

O Arcanjo Miguel foi colocado no comando do exército de Deus. Uma breve descrição da batalha pode ser vista no Apocalipse de São João: "Houve então uma batalha no céu; Miguel e seus anjos guerrearam contra o dragão; e o dragão batalhou juntamente com seus anjos, mas foi derrotado; e não se encontrou mais lugar para ele no céu. O grande dragão foi expulso, a antiga serpente, o chamado Diabo e Satanás, sedutor de toda a terra; ele foi expulso para a terra e seus anjos foram expulsos com ele" (Apocalipse 12:7-9).

Lúcifer, chamado nesse momento de Satanás ou o dragão, e seus anjos foram escorraçados para o inferno.

Apesar de sofrerem com um arrependimento e uma dor constantes como resultado do que fizeram, esses anjos ainda tramam como derrotar o céu no fim dos tempos. Os anjos caídos serão derrotados novamente nessa batalha, e dessa vez serão todos destruídos.

No Alcorão, há uma explicação alternativa da expulsão de Lúcifer do céu. Aparentemente, depois de Deus criar os humanos, ele ordenou que todos os anjos reverenciassem e servissem à humanidade. Lúcifer (conhecido como Iblis no Alcorão) se recusou. Ele acreditava que como os anjos foram criados do fogo e os homens do barro, ele era melhor do que os humanos. Por ter se recusado a seguir a palavra de Deus, Lúcifer (Iblis) foi expulso do céu (Alcorão 2:34; 7:11-18).

A história de Lúcifer e a guerra no céu é útil no Cristianismo por dar uma explicação para a existência do bem e do mal. Deus não criou anjos bons e maus. Os anjos caídos escolheram o mal. Tanto anjos como seres humanos têm livre-arbítrio e podem escolher entre o bem e o mal. Os anjos caídos escolheram o mal, e por isso são punidos por toda a eternidade.

# Capítulo 2

# A Hierarquia dos Anjos

Embora os anjos fossem considerados originalmente como guias e guardiões, durante os primeiros anos do Cristianismo vários autores (como São Jerônimo, Santo Ambrósio, São Gregório, entre outros) desenvolveram uma hierarquia dos anjos que ajudaram Deus a atingir seus objetivos no universo. A crença em uma hierarquia de anjos desempenha uma função importante no Cristianismo e no Judaísmo, mas não aparece em outras religiões.

Todas as organizações têm uma hierarquia, isto é, um sistema de pessoas ordenadas uma acima da outra. Essas organizações se parecem com uma pirâmide, com o presidente no topo e os mais iniciantes embaixo. Na hierarquia dos anjos, os mais importantes são os mais próximos de Deus e os menos relevantes são aqueles mais próximos dos homens. Vários sistemas de classificação diferentes foram propostos por diversas pessoas, como Santo Ambrósio, São Jerônimo, São Gregório e João Damasceno. Todavia, o sistema que passou a ser aceito pela maioria dos angeólogos foi criado por Pseudo-Dionísio, que viveu entre o final do século V e início do século VI. Na verdade, foi ele quem cunhou o termo "hierarquia", usando duas palavras gregas: *hieros* ("sagrada") e *arkhia* ("regra").

Esse desconhecido com um nome grego era provavelmente um monge sírio. Em suas obras, ele alegava ser São Dionísio, o Areopagita, que foi convertido ao Cristianismo por São Paulo. O verdadeiro Dionísio tornou-se mais tarde o primeiro bispo de Atenas e um mártir cristão. No entanto, o homem que adotou seu nome viveu muitos séculos depois do Dionísio real. Embora alguns tenham duvidado da autenticidade de suas obras desde o princípio, foi só no século XVI que as pessoas começaram a questionar sua autenticidade, e ele foi considerado o verdadeiro São Dionísio por muitos até o século XX. Não se conhecem os motivos do Pseudo-Dionísio, mas é provável que ele achasse que suas ideias tivessem uma aceitação maior se ele escrevesse como São Dionísio. Essa era uma prática comum na sua época, e não há dúvida de que seus escritos tenham conseguido uma proeminência muito maior do que se ele os tivesse publicado sob seu próprio nome.

Uma das obras do Pseudo-Dionísio foi *The Celestial Harmony* [A Harmonia Celestial], que logo ganhou um *status* quase canônico e o manteve por quase mil anos. São Tomás de Aquino, conhecido como Doctor Angelus ("Doutor Angélico"), usou a classificação de anjos de Pseudo-Dionísio em seu livro *Suma Teológica*, que ainda é uma obra importantíssima na teologia católica. Por sua vez, Dante Alighieri, poeta e político italiano, fez uma mudança na classificação. Em seu poema épico *A Divina Comédia*, ele alterou a ordem dos arcanjos e dos principados, fazendo dos arcanjos os sétimos e dos principados os oitavos na sua lista. Vários teólogos célebres, incluindo Alain de Lille, São Boaventura, João Duns Escoto, Hugo de São Vítor e Tomás Galo, escreveram comentários à obra do Pseudo-Dionísio.

Pseudo-Dionísio definiu a hierarquia como uma "ordem sagrada, um estado de compreensão e uma atividade aproximando-se o máximo possível do divino" (PSEUDO-DIONYSIUS, 1987, p. 153). "Na hierarquia", ele escreveu, "os seres podem ser o mais próximo possível de Deus e estarem em união com Ele" (PSEUDO-DIONYSIUS, 1987, p. 154).

Pseudo-Dionísio foi muito influenciado pelos pensamentos platônico e neoplatônico, que reverenciavam o número três. Por isso, ele começou com os nomes dos nove grupos de anjos tradicionais. Embora essas nove ordens estejam todas mencionadas na Bíblia, não há nenhuma menção ao seu *status* ou classificação. Ele arranjou essas nove ordens em três grupos de três, conhecidos como tríades. Cada uma das três categorias de anjos em cada tríade era então classificada por três níveis de inteligência. O primeiro nível ou superior é a união ou perfeição, o segundo é a iluminação e o terceiro, a purificação.

Esse sistema permite que o espírito divino possa descer ao mundo e os humanos possam alcançar o céu.

Nesse sistema, Deus fica no centro, rodeado por nove ordens de anjos. Cada um possui os poderes e as capacidades dos anjos abaixo dele, mas não daqueles acima dele em hierarquia. No *Paraíso*, a terceira parte de *A Divina Comédia*, Dante escreveu:

> Para cima todas as ordens olham embevecidas,
> Para baixo cada uma sobre as outras prevalece.
> De cada ponto todas Deus atraem e são por Ele atraídas.
> (Canto XXVIII, versos 128-130)

## Primeira Tríade: os anjos mais próximos de Deus

### Serafins

Os serafins são os anjos mais próximos de Deus. A palavra "serafim" vem do hebraico *sarap*, que significa "arder" ou "incandescente". São os anjos do fogo e da luz e podem purificar as pessoas com um raio. A única menção aos serafins na Bíblia está em Isaías 6:2-7, no qual é descrito que eles possuem seis asas e cultuam Deus sem parar, 24 horas por dia. Eles clamam: "Santo, santo, santo, é o Senhor dos exércitos; a sua glória enche toda a terra". Essas palavras ainda fazem parte dos serviços judaicos atualmente e são chamadas de *Kadosh*. Algumas fontes dizem que os serafins têm quatro faces e asas que são de um vermelho forte e brilhante. De acordo com o terceiro livro de Enoque, os serafins têm 16 cabeças, quatro delas na direção de cada ponto cardeal. São Dinis, bispo de Paris e mártir cristão, chamava os serafins de "príncipes de puro amor". Nem os membros dos querubins podem olhar para os serafins, pois sua chama divina e flamejante é forte demais. Apesar disso, São Francisco de Assis viu um serafim e foi a única pessoa a conseguir isso. Os regentes dos serafins são os arcanjos Miguel, Serafiel e Metatron. Alguns dos outros membros dessa ordem são Chamuel, Jehoel, Natanael e Samael.

## Querubins

A palavra "querubim" vem do hebraico *kerub*, que significa "cheio de conhecimento" ou "profusão de sabedoria". De acordo com Pseudo-Dionísio, o nome "querubim" significa "o poder de conhecer e ver Deus" (PSEUDO-DIONYSIUS, 1987, 205C). Um querubim com espadas flamejantes guardava a entrada leste do Jardim do Éden (Gênesis 3:24). Na tradição cristã, acredita-se que Deus montou sobre um querubim que o servia como sua carruagem (Salmos 18:10; Ezequiel 10:1-22). Duas esculturas douradas de querubins com as asas abertas proporcionavam uma proteção simbólica sobre a Arca da Aliança, que continha as tábuas de pedra com os Dez Mandamentos (Êxodo 25:18-22).

O profeta Ezequiel teve uma visão na qual contemplava querubins. Ele os descreveu com quatro faces: de homem, de leão, de boi e de águia. Eles tinham também quatro asas, os pés de um bezerro e as mãos de um homem. Eles pareciam "brasas ardentes", que lançavam relâmpagos (Ezequiel 1, 41:18). Artistas assírios retrataram os querubins como seres alados com faces de seres humanos ou leões e os corpos de touros, águias ou esfinges. Hoje em dia eles são retratados, em geral, como homens altos com duas, quatro ou seis asas azuis. Eles também são representados frequentemente como cabeças e asas sem corpo.

Os querubins cuidam do Sol, da Lua e das estrelas. Tomam conta também dos registros celestes e ajudam as pessoas a adquirir conhecimento e sabedoria divina. Eles gostam de um trabalho minucioso e cuidam dos registros de Deus. Além disso, transmitem ensinamentos às ordens mais baixas dos anjos.

Os principais membros dos querubins são Rafael, Gabriel, Rikbiel e Ofaniel. Outros membros famosos dos querubins são Jofiel, Kerubiel, Uriel e Zapiel. É possível que Satanás fosse um príncipe dos querubins antes de sua queda.

## Tronos

Em sua visão, Ezequiel contemplou os tronos como enormes rodas flamejantes cheias de olhos. Estas são as rodas do trono-carruagem de Deus, conhecido como Merkavah. Na verdade, os tronos são frequentemente chamados de rodas. Os artistas costumam retratar os tronos como grandes rodas de fogo, com quatro asas que são completamente cobertas com olhos penetrantes. Os tronos estão sempre na presença de Deus e, constantemente, entoam glórias a Ele. De acordo com o Testamento de Adão, eles se postam diante do trono de Deus.

Eles são os anjos justiceiros e aplicam a justiça divina às pessoas na Terra para manter as leis gerais do universo. Eles aconselham Deus antes de Ele tomar decisões importantes. Os tronos são pacíficos, calmos e calorosos. Muitas pessoas acreditam que a Virgem Maria pertença a essa ordem de anjos. Os principais membros são Jofiel, Orifiel, Raziel e Zafkiel.

## Segunda Tríade: os príncipes ou líderes do Reino dos Céus

### *Domínios ou dominações*

Este grupo é considerado o dos anjos mais velhos. Seu trabalho é supervisionar os anjos abaixo deles na hierarquia. Eles emitem os comandos necessários para assegurar que o universo funcione como deveria. Os serafins, os querubins e os tronos não precisam de supervisão. Os domínios carregam um mastro com uma cruz na ponta na mão esquerda e um brasão com um monograma de Jesus na direita para simbolizar seu poder e autoridade. Costumam ser retratados com mantos verdes e dourados e duas asas. Apesar de seu poder, também são anjos de misericórdia. Os principais membros dessa ordem são Hashmal, Muriel, Zacarael e Zadkiel.

### *Virtudes*

As virtudes executam as vontades dos domínios e são encarregadas de todas as leis naturais do universo. Na tradição hebraica, também são responsáveis pelos milagres que desafiam essas leis. São Gregório, o Grande, achava que Deus realizou a maioria de seus milagres usando as virtudes. Esses anjos ajudam as pessoas que precisam de coragem e da habilidade para se dar bem com os outros. As virtudes geralmente são chamadas de "iluminadas" ou "radiantes". De acordo com o livro de Adão e Eva, duas virtudes e 12 anjos ajudaram Eva quando ela estava grávida de Caim (CHARLES, 1913, xxi:1). Dois homens "vestidos de branco" acompanhavam Jesus quando ele subiu aos céus (Atos 1:10). Em geral, acredita-se que esses homens de branco sejam membros da ordem das virtudes. Membros das virtudes também agiram como parteiras quando Eva deu à luz Caim.

Artistas cristãos geralmente retratam as virtudes como bispos carregando um lírio ou uma rosa vermelha, que simboliza a paixão de Cristo. Eles usam um cinto dourado na cintura.

O Arcanjo Miguel é o príncipe regente do coro das virtudes. Os principais membros desse grupo incluem Barbiel, Cassiel, Gabriel, Peliel, Rafael e Uziel.

## *Potestades*

O nome "potestades" indica que esses anjos possuem poderes que vão muito além dos humanos. Uma de suas tarefas é manter os registros akáshicos e proteger as almas das pessoas. As potestades impedem que os demônios e outros espíritos malignos tentem dominar o mundo. São também muito corajosas e, por causa disso, guardam os caminhos para o céu.

Os artistas geralmente retratam os membros do coro das potestades como grandes homens de armadura segurando demônios algemados. Às vezes, eles também seguram um cajado dourado na mão direita.

Chamuel é comumente considerado o chefe do coro das potestades. No entanto, algumas fontes afirmam que Gabriel, Rafael ou Verchiel regem esse coro. Outros membros importantes desse grupo são Camael e Samael.

## Terceira Tríade: anjos servidores

## *Principados*

Os principados vigiam e protegem países, cidades, vilas e locais sagrados. Eles também aconselham e guiam os líderes religiosos na direção da verdade. Outra de suas tarefas é motivar e ajudar os anjos da guarda das pessoas em seu trabalho. Os principados foram mencionados sete vezes pelo apóstolo Paulo. Eles são bons administradores que estão envolvidos no governo do universo (Romanos 8:38; Efésios 1:21, 3:10, 6:12; Colossenses 1:16, 2:10, 2:15).

Os membros dos principados são geralmente representados de armadura e coroa. A coroa simboliza o "príncipe" na palavra principado. Eles costumam carregar uma cruz, um cetro ou uma espada.

De acordo com John Milton, Nisroc é o chefe dos principados. Outros membros importantes desse grupo são Amael, Anael, Cerviel e Requel.

## *Arcanjos*

Os arcanjos são chamados de anjos regentes. Isso porque eles direcionam a vontade de Deus e controlam as estações, o movimento das estrelas, as águas da Terra, todas as plantas e a vida animal. Eles também registram todas as encarnações de cada pessoa do mundo. Outra de suas tarefas é supervisionar os anjos da guarda. Os arcanjos são os mensageiros mais importantes de Deus, e Ele os usa quando tem mensagens importantíssimas para transmitir aos seres humanos.

Dois arcanjos têm o nome mencionado na Bíblia. No entanto, Miguel é o único anjo na Bíblia que é claramente chamado de arcanjo. A primeira menção a Miguel está em Judas 9. Em Daniel 10:13, ele é descrito como "um dos primeiros príncipes". Em Apocalipse 12:7-8, ele é mostrado como um guerreiro de Deus: "Houve então uma batalha no céu; Miguel e seus anjos guerrearam contra o dragão; e o dragão batalhou juntamente com seus anjos, mas foi derrotado; e não se encontrou mais lugar para ele no céu". Por causa disso, dizem que os arcanjos comandam os exércitos de Deus na batalha infinita contra o mal.

O outro arcanjo mencionado é Gabriel, que é claramente identificado como mensageiro de Deus (Daniel 8:16, 9:21). Gabriel visitou Zacarias e disse-lhe que sua esposa, Elisabete, lhe daria um filho. Ele disse: "Eu sou Gabriel, assisto diante de Deus e fui enviado para anunciar-te essa boa-nova" (Lucas 1:19). Gabriel também apareceu para Maria, a virgem que desposou José, para anunciar que ela também teria um filho: "No sexto mês, o anjo Gabriel foi enviado por Deus a uma cidade da Galileia, chamada Nazaré" (Lucas 1:26).

Rafael protege e ajuda Tobias no livro de Tobias, que faz parte da Bíblia católica.

O apóstolo João escreveu que ele viu "os sete anjos que estão diante de Deus" (Apocalipse 8:2). Tradicionalmente, esses anjos são considerados os sete arcanjos. Várias pessoas sugeriram anjos diferentes para esses papéis. Rafael, Gabriel, Miguel e Uriel aparecem na maioria das listas. Segundo Pseudo-Dionísio, os arcanjos eram Chamuel, Gabriel, Jofiel, Miguel, Rafael, Uriel e Zadkiel. Esta lista no livro de Enoque é a mais aceita: Uriel, Raguel, Gabriel, Miguel, Seraqael, Haniel e Rafael. O Judaísmo e o Cristianismo reconhecem sete arcanjos. O Islamismo, por sua vez, só reconhece quatro.

A única outra menção aos arcanjos na Bíblia ocorre em 1 Tessalonicenses 4:16: "Pois o Senhor descerá do céu com um grito, com a voz do arcanjo e com a trombeta de Deus". Rafael é considerado o príncipe dos arcanjos.

## *Anjos*

Os anjos neste grupo são os trabalhadores humildes e aqueles mais próximos dos seres humanos. Se os serafins são os generais, os anjos são os soldados rasos no exército de Deus. É mais provável que os seres humanos vejam os membros deste grupo. Há milhões de anjos neste grupo e, embora eles sejam muito vistos pelas pessoas, não costumam ser identificados pelo nome.

Os anjos sempre foram mensageiros de Deus. A palavra "anjo" deriva do grego *angelos*, que significa "mensageiro". No hebraico, os anjos são chamados de *mal'akh*, que também significa "mensageiro". Eles levam as orações das pessoas a Deus e também transmitem as respostas. Eles entregam, igualmente, qualquer mensagem que Deus envia aos seres humanos.

## *Por que os arcanjos estão em uma categoria tão baixa?*

Muitos exprimem surpresa ao saber que os arcanjos, que derivam seu nome do grego *archein*, que significa "o mais importante", "aquele no topo" ou "regente", estejam listados em penúltimo na hierarquia dos anjos. Na hierarquia, os grupos mais importantes são listados mais próximos de Deus. Acredita-se que os menos importantes fiquem mais perto da humanidade. Como, sob circunstâncias especiais, as pessoas podem ver os anjos e arcanjos, mas não os anjos das categorias superiores, os arcanjos são registrados logo acima dos anjos.

A situação se complica mais pois Miguel é considerado o capitão da hoste do Senhor, o que o torna o anjo mais importante de todos. Esse problema surgiu porque a princípio havia apenas dois grupos: anjos e arcanjos. Ao longo dos séculos, acadêmicos propuseram coros diferentes de anjos até várias hierarquias serem criadas.

No *Testamento de Levi* grego, escrito entre 107 d.C. e 153 d.C., tanto Deus como os arcanjos viviam no céu mais elevado (CHARLES, 1908, 3:3-6).

# Capítulo 3

# Seus Anjos da Guarda

Você já pensou: "algo me diz para não fazer isso" ou "ele parece legal, mas eu simplesmente não confio nele"? Nós todos temos uma vozinha silenciosa dentro de nossa cabeça que nos guia e nos orienta. Há muitos anos, quando eu dei uma série de palestras em uma prisão de segurança máxima, vários prisioneiros me disseram que tinham ouvido uma voz dizendo-lhes para não fazer algo, mas eles fizeram mesmo assim. Agora eles se arrependiam de não terem ouvido esse conselho. É possível que essas mensagens venham do nosso anjo da guarda?

Todos têm um anjo da guarda. Eles guiam as pessoas desde seu nascimento até o fim da vida. Alguns acreditam que eles começam a cuidar de seus protegidos no momento da concepção. Oferecem proteção, orientação e companhia. Seu objetivo final é ajudar as almas de seus protegidos a conseguirem a salvação.

O conceito de anjo da guarda é antiquíssimo e começou na antiga Mesopotâmia, onde as pessoas acreditavam ter um deus pessoal chamado *massar sulmi* ("guardião da segurança das pessoas"). Os zoroastros chamavam esses seres protetores de *fravashis*. Os antigos gregos tinham seus *daemons*, espíritos que guiavam as pessoas pela vida. Os romanos acreditavam que cada homem tinha um espírito guardião chamado *genius* e cada mulher tinha um *juno*.

Anjos da guarda são mencionados na Bíblia. Ao falar de crianças, Jesus disse: "Não desprezeis nenhum desses pequeninos, porque eu vos digo que os seus anjos nos céus sempre veem a face de meu Pai que está no céu" (Mateus 18:10). Davi, autor dos salmos, escreveu: "Pois em teu favor ele ordenou aos seus anjos que te guardem em todos os teus caminhos. Eles te levarão em suas mãos para que teus pés não tropecem numa pedra" (Salmos 91:11-12).

Nos Atos dos Apóstolos, São Paulo viu seu anjo da guarda quando o navio onde ele era um prisioneiro passou por uma tempestade que durou dias. Seu anjo disse: "Exorto-vos agora que tenhais ânimo; pois não haverá perda de vida alguma dentre vós, a não ser a perda do navio" (Atos 27:22). No fim, essa profecia estava correta. Todos a bordo saíram ilesos, mas o navio foi destruído. São Paulo também escreveu: "Não são todos eles espíritos servidores, enviados para servir a favor dos que devem herdar a salvação?" (Hebreus 1:14).

Uma referência interessante a um anjo da guarda está em Atos 12:6-17. Uma noite, São Pedro, que foi preso pelo rei Herodes, foi acordado por um anjo. As correntes que o prendiam caíram, e o anjo o acompanhou até a liberdade. A princípio, Pedro achou que teve uma visão. Foi só quando o anjo desapareceu que ele notou que aquilo realmente tinha acontecido. Pedro foi para a casa de Maria, mãe de João, onde muitas pessoas se reuniam para rezar. Uma jovem chamada Rode respondeu à sua batida na porta e ficou animada ao ouvir a voz de Pedro. Ela correu para contar aos outros, que disseram: "Estás louca... Então é seu anjo" (Atos 12:15). Pedro teve de convencer todos de que era realmente ele, e não um anjo.

Os primeiros padres da Igreja concordaram que os anjos da guarda são reais. Entretanto, eles não conseguiram decidir se os pagãos, ou aqueles que ainda não haviam sido batizados, tinham seus próprios anjos. Também não conseguiram chegar a um acordo sobre quando os anjos da guarda começavam a zelar pelas pessoas sob seus cuidados. São Jerônimo escreveu: "Como é grande a dignidade da alma, pois cada uma tem desde seu nascimento um anjo encarregado de guardá-la" (JEROME, 2008, xviii, lib II). Santo Anselmo pensava que os anjos da guarda eram atribuídos antes do nascimento. Ele escreveu: "Cada alma é confiada a um anjo quando se une ao corpo" (ANSELM, 2008, parte II, linha 31).

Orígenes, um teólogo cristão que escreveu extensivamente sobre anjos, acreditava que Deus passava a alma para um anjo tão logo a pessoa se convertesse ao Cristianismo. Ele também acreditava que todos tinham um anjo bom e um mau. O anjo bom guiava a pessoa, e o mau oferecia tentações. Essa crença também era popular no Judaísmo.

Em cerca de 150 d.C., apareceu um pequeno livro chamado *O Pastor de Hermas*, que ficou muito popular e era lido até nas igrejas. Ele teve uma enorme influência sobre os crentes por pelo menos 200 anos. O pastor do título era, na verdade, o anjo da guarda de Hermas. Hermas era um ex-escravo que acreditava que todos nós temos dois anjos: um que nos estimula a fazer o bem e outro que nos tenta para o mal (*The Shepherd of Hermas*, [1926] 2009).

O conceito dos anjos da guarda era popular na Idade Média. São Tomás de Aquino era um forte defensor desses anjos e ficou conhecido como Doutor Angélico. Ele acreditava que os anjos da guarda poderiam deixar seus protegidos temporariamente, mas nunca de forma permanente, não importa o que a pessoa tenha feito. Ele também acreditava que os anjos da guarda ficavam com seus protegidos até após sua morte e permaneciam ao lado deles no céu (parte 1, questão 113, artigo 4).

O Padre Pio foi um padre católico que recebeu os estigmas de Cristo. Isso quer dizer que os sinais da crucificação de Cristo apareceram em seus pés e mãos. Ele viu seu anjo da guarda pela primeira vez quando criança. Quando se tornou adulto, seu anjo da guarda conseguiu auxiliá-lo de muitas formas, incluindo a tradução de cartas que ele recebia de pessoas de todo o mundo que queriam sua ajuda. Ele conseguia responder a essas cartas na língua do remetente. Padre Parente escreveu em sua biografia de Padre Pio que "a orientação espiritual das almas feita por Padre Pio era realizada na maior parte com a ajuda e a direção de seu anjo da guarda" (PARENTE, 1983, p. 113). Padre Pio foi declarado santo em 16 de junho de 2002. Por toda sua vida, ele fez uma oração diária para seu anjo da guarda:

> *Anjo de Deus,*
> *que sois a minha guarda,*
> *e a quem fui confiado*
> *por celestial piedade,*
> *iluminai-me, guardai-me,*
> *protegei-me, governai-me.*
> *Amém.*

O Papa Pio XI pedia ajuda ao seu anjo da guarda para resolver problemas. Antes de quaisquer reuniões potencialmente difíceis, ele rezava para seu anjo da guarda, pedindo para ele falar com os anjos da guarda das pessoas com quem ele iria tratar, a fim de assegurar que a reunião corresse bem. Aparentemente, isso funcionava muitíssimo bem. Os dois anjos resolviam qualquer problema, e a reunião do papa corria bem e sem discórdias.

Um papa mais recente, João XXIII, mencionava muitas vezes os anjos da guarda em seus pronunciamentos no rádio. Ele sempre dizia aos pais para ensinar aos seus filhos que eles nunca estavam sozinhos, pois tinham anjos da guarda cuidando deles (GUILEY, 1994, p. 59-60).

Em 1968, o Papa Paulo VI sancionou a fundação do Opus Sanctorum Angelorum ("Obra dos Santos Anjos"). Essa organização, também conhecida como Opus, tem vários objetivos, que incluem fomentar a crença nos anjos da guarda. Durante seu primeiro ano de estudo, os iniciados prometem a Deus que amarão seus anjos da guarda e agirão segundo suas vontades. Eles também aprendem o nome de seus anjos pessoais. Nos últimos estágios, os iniciados participam de uma cerimônia à luz de velas e prometem se tornar angelicais e venerar os anjos. O último estágio inclui uma cerimônia de consagração dedicada a toda a hierarquia angelical.

Em seu discurso no Regina Caeli em 31 de março de 1997, o Papa João Paulo II disse: "Invoquemos a Rainha dos anjos e santos para que ela possa nos fazer, ajudada por nossos anjos da guarda, testemunhas autênticas do mistério pascal do Senhor" (JOHN PAUL II, 1997).

Embora não faça parte da doutrina da Igreja Católica, os católicos acreditam que todos têm um anjo da guarda cuja tarefa é zelar e proteger quem estiver sob seus cuidados. Em 2 de outubro, a Igreja Católica Apostólica Romana celebra a Festa dos Anjos da Guarda. Uma oração católica popular ensinada às crianças fala:

*Santo Anjo do Senhor,*
*Meu zeloso guardador,*
*Se a ti me confiou*
*A piedade divina,*

> *Sempre me rege,*
> *Me guarda, me governa e me ilumina.*
> *Amém.*

Essa oração não serve apenas para crianças. O Papa João XXIII a rezava cinco vezes por dia.

## O que os anjos da guarda fazem?

Na tradição cristã, a principal tarefa de um anjo da guarda é garantir que a alma leve uma vida boa e no final chegue ao céu. A maioria das pessoas sabe que os anjos da guarda guiam e protegem as almas atribuídas a eles. No entanto, eles também têm outras tarefas.

1. Eles fazem seu melhor para ajudar a alma a alcançar a salvação. Isso pode ser conseguido pela graça de uma divindade ou pelas orações e boas atitudes da pessoa.
2. Eles protegem a alma quando está em perigo. Para a maioria, isso seria proteção das dificuldades no mundo físico, mas os anjos da guarda também protegem do "laço do Diabo" (2 Timóteo 2:26).
3. Eles estimulam bons pensamentos e ações. Em geral, a alma não está ciente de que seu anjo da guarda está estimulando levemente a pessoa a ter bons pensamentos e a fazer a coisa certa. Se essa influência é notada, ela virá geralmente na forma de uma intuição ou pensamento. Às vezes, ela pode ser sentida como a voz da consciência. Em 2 de outubro de 2014, o Papa Francisco disse que quando sente que "eu devo fazer isso, isso não está certo, tenha cuidado", é "a voz do" nosso anjo da guarda ou "companheiro de jornada" (SCHNEIBLE, 2014). No entanto, seu anjo da guarda pode ajudá-lo apenas se você estiver disposto a ouvir e aceitar o conselho. Seu anjo da guarda não passará por cima de seu livre-arbítrio.
4. Os anjos da guarda oram com seus protegidos. Muitos acreditam que os anjos da guarda misturam suas orações com aquelas de sua alma para deixá-las mais eficazes e agradar mais a Deus.

5. Os anjos da guarda corrigem a alma das pessoas quando elas se perdem. Se alguém se desviou do caminho da honestidade e das boas ações, seu anjo da guarda fará tudo o possível para estimular a pessoa a reavaliar sua vida e a retornar para o caminho da retidão.

6. Os anjos da guarda revelam a vontade de Deus. Um bom exemplo disso está em Gênesis 22:9-18, em que um anjo impediu Abraão de sacrificar Isaac e contou-lhe sobre a enorme influência que seus descendentes teriam no mundo. Ele explicou: "Por tua semente serão abençoadas todas as nações da terra, porque tu me obedeceste" (Gênesis 2:18).

7. Os anjos da guarda sempre louvam a Deus e estimulam seus protegidos a fazer o mesmo.

8. Eles fortalecem e confortam as pessoas quando elas sofrem.

9. Os anjos da guarda protegem e ajudam as almas no momento da morte. Na tradição católica, os anjos visitam com regularidade seus protegidos se eles forem para o purgatório. Quando essas almas são purificadas de seus pecados, seus anjos da guarda as acompanham até o céu. Maria, a Rainha dos Anjos, decide quando as almas estão prontas.

Infelizmente, poucos sabem de tudo que o anjo da guarda faz por eles. Santo Inácio de Loyola, o fundador dos Jesuítas (Sociedade de Jesus), disse que as pessoas precisavam avançar espiritualmente antes de conseguirem sentir e experimentar a tênue, suave, mas insistente energia dos anjos.

## Como sentir seu anjo da guarda

Muitas pessoas esperam ver seus anjos da guarda. Na sua imaginação, elas os veem vestidos com mantos brancos, cercados por uma luz clara pura e possivelmente segurando uma harpa. Na verdade, poucos conseguem ver seus anjos da guarda, mas todos podem aprender a senti-los. Isso pode acontecer em uma variedade de formas.

## *Percepção*

Isso ocorre muitas vezes quando a pessoa tem uma sensação de bem-estar e proteção. De repente, sabe que seu anjo da guarda está sempre com ela e a manterá segura.

Uma amiga minha sentiu seu anjo enquanto morava sozinha em Londres. Ela não conseguia encontrar trabalho e vivia com um medo constante de ser despejada de seu quartinho em uma pensão. Ela era orgulhosa demais para pedir ajuda a parentes e, como não tinha dinheiro, sua vida social se reduziu a nada. Um dia, enquanto caminhava para mais uma entrevista de emprego, de repente sabia que estava acompanhada por uma presença, que depois ela percebeu que era seu anjo da guarda. Isso lhe deu uma confiança imediata e, pela primeira vez na vida, ela não se sentiu nervosa durante a entrevista. Dois dias depois, foi chamada de volta para uma segunda entrevista e logo depois ganhou o cargo. Atualmente, muitos anos depois, ela ainda se comunica com seu anjo da guarda todos os dias e credita todas as coisas boas que lhe aconteceram a seu anjo especial.

## *Sonhos*

Muitos sentem seu anjo da guarda nos sonhos. Como nossos sonhos nos ajudam a entender o que acontece na nossa vida, não é surpreendente que nosso anjo possa aparecer neles. Isso acontece raramente, mas é possível encorajar seu anjo da guarda a falar com você em seus sonhos repetindo para si enquanto adormece: "Logo, logo, meu anjo da guarda aparecerá em meus sonhos".

É uma boa ideia manter um diário ao lado da sua cama. Nele você pode escrever tudo de que se lembra do seu sonho ao acordar, antes que ele desapareça enquanto inicia seu dia. Gosto de ficar deitado na cama por alguns minutos, sem mudar de posição, e ver o quanto eu lembro. Depois de fazer isso, levanto-me e anoto tudo. Essa é uma boa maneira de registrar suas experiências com seu anjo da guarda. Porém, você descobrirá que seus sonhos também serão úteis de outras formas, pois eles lhe darão compreensão e informações sobre todas as áreas da sua vida.

## Pensamentos e sensações

Frequentemente, nossos anjos da guarda se comunicam conosco por meio de nossos pensamentos e sensações. É óbvio que muitos de nossos pensamentos e sensações não vêm do nosso anjo da guarda. Porém, de vez em quando, nós temos um pensamento ou sentimos algo que sabemos vir de outra fonte além da nossa mente. Muitas pessoas criativas passam por isso com regularidade, e, creio eu, sua "inspiração" veio de seu anjo da guarda.

As pessoas que atingem um grande sucesso no mundo dos negócios também têm esse tipo de sensação, e isso é o que as ajudou a guiá-las para o sucesso em suas áreas de escolha. Um amigo meu é excelente em fundar negócios e vendê-los na hora certa para conseguir a quantia máxima de dinheiro por eles. Ele fez isso pelo menos umas 12 vezes nos últimos 20 anos e conta a todos, com a maior felicidade do mundo, que uma vozinha lhe diz quais negócios comprar e qual a hora de vender.

## Intuição

A intuição está relacionada aos pensamentos e às sensações. Todos nós temos pressentimentos de vez em quando. Uma boa forma de deixar a intuição fluir é separar horas de tranquilidade nas quais você pode parar e esperar para ver o que sua mente intuitiva quer falar com você. Qualquer ação repetitiva que não envolva um pensamento consciente também pode estimular sua intuição. Sempre que tenho um problema com minha escrita, saio para caminhar. Eu não penso muito na escrita enquanto aproveito a caminhada, mas, quase sempre, quando me sento na frente do computador de novo, a resposta está na minha mente. Creio que isso seja uma ajuda do meu anjo da guarda.

Um conhecido, que é gerente de relações públicas de uma grande empresa, me contou uma história interessante recentemente. Ele entrevistou várias pessoas para um cargo importante na empresa. Seguindo a lógica, pensou em empregar um candidato específico que o impressionou muito nas entrevistas. A caminho de casa, decidiu entrar em contato com esse candidato pela manhã para lhe dizer que ele estava empregado. No entanto, de repente, durante a noite, quando ele não pensava muito no trabalho, recebeu a intuição de que um dos outros candidatos seria melhor. Era alguém de quem ele esqueceu logo cedo no processo seletivo. Ele ficou confuso e intrigado com esse pressentimento. Sua esposa disse-lhe para seguir sua intuição, e ele seguiu seu conselho com relutância. Esse candidato fez um trabalho excelente na empresa, e, três meses depois, a pessoa que ele quase tinha empregado foi presa por roubar dinheiro de seu empregador anterior. Meu conhecido atribuiu essa boa decisão a uma intuição de seu anjo da guarda. "Tinha de ser meu anjo da guarda, pois ele me protegeu e ajudou", ele me disse.

## *Oração*

A oração é outra boa forma de entrar em contato com seu anjo da guarda. Você só precisa rezar do seu modo normal. Durante suas orações, peça ajuda para entrar em contato com seu anjo da guarda. Depois de se conectar, você pode falar com ele sempre que quiser, apenas pela oração. Como mencionado antes, o Papa Pio XI rezava para seu anjo da guarda todos os dias de manhã e à noite. Ele também rezava para seu anjo durante o dia, se achasse necessário.

## *Coincidências, sincronicidade e serendipidade*

Mais de uma vez, deixei cair sem querer um livro no chão e, quando me curvei para pegá-lo, vi que estava aberto em páginas que correspondiam exatamente ao que procurava. Por isso, sempre que eu passo por uma coincidência, sincronicidade ou serendipidade, paro e penso, por um ou dois minutos, se meu anjo da guarda está por trás disso. Às vezes uma coincidência será apenas isso, mas em outras ocasiões ela acontece exatamente no momento certo, e você saberá que é mais do que uma simples casualidade.

## *Desenhe seu anjo da guarda*

Felizmente, este método não requer nenhuma habilidade artística, pois você será o único a ver sua produção. Todas as formas de criatividade podem ser aperfeiçoadas quando você desenha seu anjo da guarda para pedir auxílio. Você também pode usar sua criatividade para ajudá-lo a sentir seu anjo.

Sente-se em algum lugar e comece a desenhar anjos. Use uma variedade de cores e faça o melhor que puder. Quando você focar no desenho, atrairá seu anjo da guarda. Ele provavelmente vai começar a influenciar os movimentos de sua caneta, e a qualidade do seu trabalho vai melhorar cada vez mais.

## *Permaneça consciente*

Seu anjo da guarda está sempre consigo e quer ajudar. Por causa disso, uma boa forma de senti-lo é simplesmente aceitar que ele está com você e falar com ele. Fale normalmente, como se conversasse com um bom amigo. Peça-lhe tudo de que precisar. Formule bem seus pedidos. Depois de feita sua solicitação, permaneça calmo e confie que seu anjo da guarda fará tudo o que for necessário para você receber o que pediu. Perceba que o pedido não vai simplesmente cair no seu colo. Você provavelmente terá de dar duro por isso, mas seu anjo da guarda proporcionará as oportunidades necessárias para que atinja seus objetivos.

## Seu anjo da guarda tem um nome?

Seu anjo da guarda tem um nome e está disposto a lhe contar qual é, se você perguntar. Você pode fazer isso de várias formas. Pode encontrar um lugar silencioso em um parque ou no campo onde possa relaxar e entrar em contato com a natureza. Sente-se ou deite e pense em coisas tranquilas por 20 ou 30 minutos. Depois de relaxar totalmente, mentalize o seu anjo da guarda por um ou dois minutos. Pense em tudo que ele faz por você, muito do que nem sabe e não percebe. Depois de expressar sua gratidão silenciosamente, cumprimente seu anjo da guarda. Espere em silêncio. Para mim, ajuda muito se eu prestar atenção na minha respiração enquanto aguardo uma resposta. Você pode ouvir um cumprimento quase imperceptível quando seu anjo da guarda responder. Pode ser que não ouça nada, mas receba uma intuição de que seu anjo da guarda respondeu. Depois de fazer contato, você pode perguntar ao seu anjo tudo que quiser saber. É possível que as respostas venham à sua mente como pensamentos ou sensações, tornando difícil diferenciar se são respostas dele ou se é sua mente falando. Se estiver desfrutando de uma conversa com seu anjo, esses pensamentos devem ser as respostas dele. Na maior parte do tempo, você "saberá" quando seu anjo da guarda fala consigo. Se for intuitivo por natureza, terá uma sensação e saberá quando ele fala com você.

Quando se sentir pronto, pergunte o nome do anjo. Pode ser que você não receba uma resposta imediatamente. A resposta pode vir na forma de um sonho ou, de repente, você pode ver ou ler um nome aonde for. A princípio, você pode atribuir isso à coincidência, mas, se o mesmo nome continuar a reaparecer, saberá que era uma mensagem de seu anjo da guarda. Isso também pode acontecer, mesmo se seu anjo lhe disser seu nome. É parecido com comprar um carro e, de repente, ver esse modelo e marca específicos aonde você for.

Você pode usar estas outras formas para conversar com seu anjo da guarda:

1. Você pode se comunicar com seu anjo nos sonhos. Antes de dormir, pense nas diversas questões que quiser fazer para ele. Anotá-las ajuda muito para que você possa ler a lista antes de pegar no sono. Vários conhecidos meus colocam essas perguntas debaixo do travesseiro, pois acreditam que receberão uma resposta mais rápida se "dormirem sobre elas".

2. Quando você acordar de manhã, continue deitado por mais um ou dois minutos e veja quais memórias o anjo da guarda colocou na sua mente. É uma boa ideia anotá-las assim que se levantar. Eu uso um diário de sonhos, que deixo ao lado da cama, mas você pode gravar as respostas no celular ou em um gravador.

3. Você pode criar um círculo mágico na sua sala de estar ou em qualquer lugar onde não seja perturbado por pelo menos 20 minutos. Pode imaginar o círculo e colocar velas nos pontos norte, sul, leste e oeste. Acenda as velas e sente-se confortavelmente no meio do círculo. Eu costumava me sentir confortável sentado no chão, mas agora sento em uma cadeira. Feche os olhos e se veja completamente cercado pelo círculo, como se você estivesse sentado dentro de um enorme tubo mágico. Visualize esse tubo se enchendo aos poucos com uma luz branca pura, até ser totalmente cercado por ela. Pense no seu anjo da guarda e pergunte-lhe se esta é uma boa hora para fazer algumas

perguntas. Espere por uma resposta e, então, se for a hora certa, aproveite sua conversa.

4. Deite-se no chão de barriga para cima, feche os olhos e respire fundo várias vezes. A cada expiração, mentalize: "Relaxe, relaxe, relaxe". Quando se sentir pronto, comece a relaxar seu corpo levando sua atenção ao seu pé esquerdo e deixe-o relaxar. Repita com seu pé direito e suba gradativamente pelo seu corpo até o topo da cabeça. Quando estiver se sentindo totalmente relaxado, pense no local mais lindo e tranquilo que já viu. Você pode pensar em um lugar conhecido ou mentalizar uma imagem magnífica e tranquila. Imagine-se dentro dessa linda cena e saiba que seu anjo da guarda está com você. Comece cumprimentando-o e, então, desfrute de um papo agradável com seu anjo da guarda.

5. Sente-se em uma cadeira reta, feche os olhos e faça círculos sincronizados com os polegares e os indicadores. Isso cria um círculo de proteção. Esfregue as pontas dos polegares e dos indicadores e envie uma mensagem tácita para seu anjo da guarda. Esse é um método mais rápido do que os outros, e é bom para utilizar se você precisa se comunicar com seu anjo da guarda rapidamente ou se estiver fazendo o exercício em algum lugar onde não tem muito tempo para ficar sozinho. Usei esse método várias vezes em ônibus e trens, e os outros passageiros não perceberam nem tiveram ideia do que eu estava fazendo.

6. Outra boa forma de conversar com seu anjo da guarda é fazer algo de que você gosta muito. Pode ser jardinagem, culinária, exercícios, tocar um instrumento musical ou ler um livro. Em algum ponto enquanto você se diverte fazendo aquilo de que gosta, pare e cumprimente seu anjo da guarda. Curta a conversa e, depois de terminar, volte ao seu *hobby* ou interesse. Esse método funciona bem, pois você está na disposição certa para uma comunicação angélica quando está distraído com algo de que gosta.

Muitos nomes de anjos vêm do hebraico e são difíceis para os ocidentais pronunciarem. Por isso, quando seu anjo lhe contar seu nome, você pode se surpreender por ser um nome tão simples. Isso é feito de propósito, quando seu anjo da guarda acha que você terá dificuldade em compreender seu nome verdadeiro.

## Como se comunicar com seu anjo da guarda

Você pode se comunicar com seu anjo da guarda sempre que quiser. Sem dúvida, a melhor maneira é desfrutar de conversas frequentes com seu anjo. Isso é muito mais eficaz do que invocar seu anjo apenas quando você está com problemas e precisa de ajuda. A seguir, há várias formas de aumentar sua comunicação com seu anjo da guarda. Você pode descobrir que um método funciona melhor, sem precisar experimentar os outros, ou pode escolher qual método parece certo no momento.

### *Oração*

Todos os dias de manhã e à noite, reze para seu anjo da guarda. Você pode começar com "Santo Anjo do Senhor" e então continuar com a oração que quiser. Essa oração não precisa ser formal. Apenas converse com seu anjo como se ele fosse um bom amigo, o que, de fato, é. Pare em intervalos regulares para receber uma resposta e então continue com a conversa. Quando chegar a hora de terminar o diálogo, agradeça seu anjo por tudo que ele faz para você e se despeça.

### *Escreva uma carta*

Sente-se em algum lugar silencioso e sossegado e escreva uma carta amigável e coloquial para seu anjo da guarda. Escreva sobre seus problemas e preocupações, claro, mas também inclua informações sobre o que acontece na sua vida. Escreva sobre sua família e seus amigos. Fale de suas esperanças e sonhos, além de algumas das atividades agradáveis que você teve recentemente. Expresse gratidão por todas as bênçãos na sua vida. Ao encerrar a carta, manifeste seu amor pelo anjo e assine. Coloque-a em um envelope, endereçe-a para seu anjo, coloque o selo e depois a queime. Junte as cinzas e espalhe-as ao ar livre. Você deve fazer um ritual ou cerimônia quando queimar sua carta. Visualize a fumaça enviando a carta diretamente para seu anjo da guarda. Além de tudo o mais, escrever uma carta é uma boa forma de organizar seus problemas e ver as questões em perspectiva.

## Crie um altar

Encontre um lugar onde você possa se comunicar sempre com seu anjo da guarda, sem ficar preocupado ou ser perturbado. Seu altar pode ficar em qualquer superfície plana. Coloque nele qualquer coisa que o lembre de questões espirituais. Você pode adicionar uma ou duas velas, cristais e pequenos ornamentos. Cuide de seu lugar espiritual e o use sempre que se comunicar com seu anjo.

## Faça um diário dos anjos

No diário dos anjos, você pode registrar todas as suas comunicações com seu anjo da guarda em determinado período. Isso será cada vez mais valioso para você depois de um tempo. Você pode escrever tudo que quiser no diário. Antes de começar minhas anotações, eu gosto de colocar a data, a hora e onde estou. Escrever em um diário é parecido com escrever uma carta para seu anjo, exceto por não incluir as notícias sobre família e entes queridos. Registre o máximo possível de suas conversas e as releia com regularidade para ver seu progresso. Você verá que seu diário ficará cada vez mais espiritual quanto mais usá-lo.

## Contemplação

Uma oração contemplativa é aquela na qual você se senta em silêncio e ouve uma mensagem divina. É uma mistura de oração e meditação. As pessoas que a praticam relatam uma experiência de Deus mais intensa do que aquelas que usam outras formas de oração (POLOMA; GALLUP, 1990, p. 62). Como demora pelo menos 30 minutos para fazer uma oração contemplativa, poucos têm tempo de praticá-la regularmente. Você também pode usar a contemplação para se comunicar com seu anjo da guarda.

Sente-se em silêncio, feche os olhos e respire fundo e devagar por três vezes. Visualize uma cena calma e entregue-se ao relaxamento. Pode ajudar se você mentalizar uma breve oração para seu anjo da guarda neste ponto. Depois de fazer isso, continue esperando silenciosamente e com expectativa. Descarte quaisquer pensamentos aleatórios e alheios que vierem à sua mente, mas continue prestando atenção, pois seu anjo da guarda decerto se comunicará com você nos seus pensamentos. Por isso, você precisa avaliar seus pensamentos antes de dispensá-los. Felizmente, se dispensar um pensamento enviado pelo anjo da guarda por acaso, ele o enviará de novo, geralmente com mais força do que na primeira vez. Depois de fazer contato com seu anjo da guarda, ouça com atenção. Comunicar-se com ele pela contemplação requer tempo e esforço, mas as informações e a ajuda que receberá farão tudo valer a pena. Você saberá que a sessão acabou quando seu anjo parar de falar e se verá de novo em um estado de silêncio tranquilo. Agradeça e reze antes de respirar fundo por três vezes e abrir os olhos.

## Como criar seu anjo da guarda

Carl Jung escreveu que anjos "não passam de pensamentos e intuições de seu Senhor" (JUNG, 1963, p. 302). Evidentemente, Jung acreditava que Deus criava os anjos usando o pensamento e a intuição. Tomás de Aquino parecia acreditar que os anjos eram formas-pensamento quando escreveu: "Os anjos são compostos do ar ambiente do lugar onde eles aparecem, que eles arranjam e condensam em uma forma apropriada" (EVANS, 1987, p. 45). O eminente angeólogo Gustav Davidson escreveu: "Estou preparado para dizer que se muitos de nós acreditam em anjos, então eles existem" (DAVIDSON, 1967, p. xii).

Nossos pensamentos e sensações criam formas-pensamento o tempo todo. Um bom exemplo de uma forma-pensamento criada de forma deliberada é uma oração. Naturalmente, não há motivos para rezar se a pessoa não acredita que a oração é ouvida. Quando as pessoas oram, elas criam o que os teosofistas chamam de forma-pensamento.

As formas-pensamento são parcelas de energia concentrada. Todos temos 50 ou 60 mil formas-pensamento por dia. Eles podem ser representados como milhares de pequenos pacotes amarrados em um longo pedaço de corda. Nós não temos controle sobre nossos pensamentos na maior parte do tempo. Um pensamento leva a outro, que então provoca outra coisa, e assim por diante.

Recentemente, enquanto eu estava de férias com minha esposa, nós acordamos com o cheiro de pão fresquinho. Isso logo me lembrou de outras ocasiões no passado quando também senti o cheiro de pão fresquinho. Eu então pensei no delicioso pão integral que uma vizinha fazia e, de repente, voltei aos meus 5 anos de idade, quando voltava para casa da padaria com um grande filão de pão. Eu me lembro daquele incidente muito bem, pois minha mãe não ficou muito feliz de receber meio filão – tinha comido o restante enquanto voltava para casa. Esse é um exemplo da forma aleatória como nossos pensamentos funcionam.

Seria extremamente improvável qualquer outra pessoa descobrir esses pensamentos, pois são impressões fugazes com pouca energia ou emoção ligada a eles. Entretanto, um pensamento de importância vital, como uma grande preocupação ou uma oração, criaria uma forma-pensamento poderosa.

Quando Charles Dickens, o famoso autor, escrevia seus livros, ele criava seus personagens com tanta força que eles se tornavam formas-pensamento que afetavam todos os aspectos da sua vida. James T. Fields falou sobre Dickens: "Ele me disse que quando escrevia *A Loja de Antiguidades*, as criaturas de sua imaginação o assombravam tanto que elas não o deixavam nem dormir nem comer em paz" (FODOR, 1933, p. 382).

## Fatores de uma forma-pensamento

Você precisa construir uma forma-pensamento poderosa para criar seu anjo da guarda. Estes quatro fatores estão envolvidos: emoção, foco, relaxamento e atração.

### *Emoção*

Quando se acrescenta emoção a um pensamento, ele fica vibrante e inesquecível. Você pode provar isso para si mesmo pensando em uma experiência negativa que teve quando era bem novo. Enquanto pensa nisso, todas as emoções que ocorreram na época voltarão para você, mesmo que a experiência tenha ocorrido há muitas décadas. Agora, pense em algo emocionante que lhe ocorreu na vida adulta. Mais uma vez, todas as emoções voltarão, de tão memorável e importante que foi a experiência. Por fim, pense em um pequeno incidente que aconteceu há um ou dois dias. Por não ter sido importante nem ter nenhuma emoção ligada a ele, pode ser difícil pensar em alguma coisa.

É bom nossas memórias funcionarem assim. Se nós nos lembrássemos de absolutamente tudo que nos aconteceu o tempo todo, nosso cérebro logo ficaria sobrecarregado e incapaz de funcionar. É por isso que as coisas sem importância não são notadas e podem até nem chegar à nossa consciência.

Para criar uma forma-pensamento eficaz, nós precisamos colocar o máximo de emoção possível nela. Na verdade, quanto mais emoção puder ser adicionada, melhor será o efeito.

## *Foco*

Você também precisará focar claramente o seu objetivo, que, nesse caso, é criar seu anjo da guarda. Se puder mentalizar seu anjo, você conseguirá focar e se concentrar nesse objetivo.

## *Relaxamento*

Você precisa estar o mais relaxado possível para criar conscientemente uma forma-pensamento. Se tiver algum problema ou preocupação na sua mente, precisa resolvê-los antes de começar. Você também necessita de um ambiente silencioso e relaxante. Separe um momento em que saiba que não terá muitas distrações. Aqueça o cômodo, desligue temporariamente os telefones, use roupas mais largas e confortáveis e se prepare para relaxar o máximo possível.

## *Atração*

A Lei da Atração diz que você atrai para si o que pensa. Se você focar em pobreza e carência, é isso que atrairá para sua vida. Da mesma forma, se focar em felicidade e fartura, atrairá isso para você. Isso pode ser feito de modo consciente, mudando os pensamentos negativos quando você os perceber. Conheço várias pessoas que literalmente mudaram suas vidas fazendo isso. Por causa da Lei da Atração, você precisa criar boas formas-pensamento afirmativas, transmitindo emoções e pensamentos positivos e de boa qualidade.

## O processo de criação

É hora de começar a trabalhar na criação de seu anjo da guarda.

1. Prepare o espaço onde irá trabalhar. Deixe o local na temperatura certa, feche as cortinas ou persianas e desligue o telefone. Você pode ouvir músicas para meditação. Se fizer isso, não

toque nenhuma música conhecida ou algo de seu cantor favorito, pois isso pode distraí-lo. Você pode comprar CDs de New Age, relaxamento ou redutores do estresse pela internet ou em lojas. Pode queimar incenso e acender velas, mas sempre com muito cuidado para evitar qualquer risco de incêndio. Eu gosto de usar quatro velas brancas posicionadas para indicar os quatro pontos cardeais. Quando faço isso, trabalho no meio de um círculo imaginário com as velas na circunferência. Escolha uma cadeira confortável. Uma poltrona é o ideal. Deitar na cama para fazer este exercício não é uma boa ideia, pois você pode pegar no sono. Eu adormeço com muita facilidade e aprendi há muito tempo a só fazer exercícios deste tipo em uma cadeira confortável. A última parte da preparação é usar roupas mais largas e confortáveis.

2. Sente-se ou recline-se na sua poltrona e feche os olhos. Quando você anula um de seus sentidos, intensifica os outros. Isso também elimina a possibilidade de distração por notar de repente algo no cômodo. Também é mais fácil visualizar algo quando os olhos ficam fechados.

3. Relaxe o máximo possível. Há muitas formas de fazer isso. O método mais comum chama-se relaxamento progressivo. Comece respirando fundo e devagar por cinco vezes, segurando cada inspiração por alguns segundos antes de expirar vagarosamente. Esqueça sua respiração e foque nos dedos do pé esquerdo. Visualize-os relaxando o máximo possível. Você pode sentir até um leve formigamento quando focar neles. Depois de eles relaxarem totalmente, passe para todo o seu pé. Repita isso com o outro pé. Quando os dois pés estiverem completamente relaxados, passe o relaxamento agradável para os tornozelos e vá subindo pela perna. Depois, repita do outro lado. Não precisa ter pressa. Demore o tempo que for necessário em cada parte de seu corpo. Depois de relaxar cada uma das pernas, suba para o abdômen, o peito e os ombros. Relaxe completamente um braço e depois o outro. Em seguida, passe para seu pescoço e rosto. Relaxe os olhos e passe para o topo da cabeça. Examine mentalmente todo seu corpo e passe o

tempo que for necessário descontraindo quaisquer áreas que ainda não estiverem relaxadas totalmente.

Outra técnica de relaxamento é contrair todos os músculos de um braço, depois soltar e deixar o braço relaxar. Continue fazendo isso no outro braço e em cada uma das pernas. Depois de relaxar braços e pernas, faça o mesmo em todo o corpo.

Um de meus métodos favoritos é elevar os dois braços. Conte mentalmente de cinco a um. Depois disso, solte os braços ao lado ou coloque-os na cintura e relaxe todo o corpo. Você consegue relaxar seu corpo em questão de segundos com essa técnica.

Outro método é focar em relaxar os músculos ao redor dos olhos. Eles são os músculos mais delicados de todo o corpo. Depois de relaxar totalmente esses músculos, com certeza você vai relaxar todos os músculos do seu corpo. Se não conseguir fazer isso, deixe o agradável relaxamento dos seus olhos se espalhar por todo o corpo.

Todos esses são métodos que eu uso. Se ainda não tiver praticado técnicas de relaxamento, o melhor método para começar é o relaxamento progressivo. Ele demora mais do que os outros, mas garante que você se sinta totalmente relaxado. Depois de se familiarizar com esse método, experimente os outros.

Quando se sentir totalmente relaxado, você estará pronto para seguir para o próximo estágio.

4. Observe a calma, a paz e a tranquilidade ao seu redor. Examine mentalmente seu corpo para garantir que esteja completamente relaxado e preste mais atenção às áreas que não estejam.
5. Depois de relaxar inteiramente, visualize o dorso da sua mão direita. Se você for canhoto, imagine a mão esquerda. "Veja" todos os detalhes possíveis da sua mão. Depois de visualizar o dorso dela, vire-a mentalmente para você ver a palma. Visualize-a com a maior nitidez possível. Imagine as principais linhas e as digitais. Enquanto você mentaliza sua mão, reconheça a maravilha e o milagre que ela é.

Demore o quanto precisar. Quando se sentir pronto, vire a mão na sua mente e foque no polegar. Deixe seu foco se estreitar até você olhar para a unha do polegar. Deixe sua unha crescer até ser tudo que você consegue ver. Sua unha é a tela que nós usaremos para projetar sua forma-pensamento.

6. Visualize seu anjo da guarda. Veja-o com tanta clareza quanto puder. Sua mente pode vagar neste estágio. Se isso acontecer, visualize sua unha de novo. Quando conseguir vê-la com clareza, imagine seu anjo da guarda mais uma vez. Isso pode acontecer várias vezes. É perfeitamente natural nossa mente vagar, e não precisa ficar preocupado quando isso acontecer.

Sua visualização do anjo da guarda é única. Você poderá ver um lindo querubim. Pode ser um anjo alto e magro com um lindo manto. Seu anjo pode ou não ter asas. Ele pode ser uma luz brilhante e tremeluzente que expressa o amor divino. Você pode não "ver" nada, mas apenas ter uma impressão ou a consciência de que seu anjo está lá. Use sua imaginação e deixe sua mente interior criar o que for certo para você.

A imagem que você cria será determinada por seu histórico e criação. Alguém de uma família religiosa provavelmente imaginará um anjo da guarda de aparência mais tradicional, com grandes asas brancas e manto esvoaçante de um branco luminoso. Alguém com um histórico não religioso pode imaginar algo completamente diferente. Não importa que anjo venha à sua mente. A imagem que cria é a perfeita para você. Visualize-a com tanta clareza quanto puder.

7. Você pode não chegar tão longe assim nas primeiras tentativas em criar seu anjo da guarda. Não importa quantas vezes você tente, a cada vez chegará um pouco mais perto do resultado desejado.

Assim que puder ver seu anjo da guarda com clareza na mente, você precisará transformar essa imagem em uma forma-pensamento. Deixe a imagem de seu anjo desaparecer e ser substituída pela imagem da sua unha. Quando puder ver sua unha na mente, deixe-a sumir e ser substituída por seu anjo da guarda. Troque de uma imagem para a outra várias vezes. A cada vez que fizer isso, você notará que vai trocar de uma para a outra cada vez mais rápido.

8. Agora encha seu anjo da guarda de emoção. Pense em um momento da sua vida em que se sentiu seguro, confiante, muito

feliz e cercado de amor. Se nunca sentiu isso, imagine como seria maravilhoso. Deixe esses sentimentos o cercarem completamente e o encherem de amor puro e inefável.

Aproveite essas sensações por um ou dois minutos. Quando se sentir pronto, visualize seu anjo da guarda de novo. Por causa do processo de troca que você fez no passo 7, isso deve ser fácil. Dessa vez você precisa substituir o seu anjo da guarda pelos sentimentos de amor perfeito várias vezes. Isso imprime a poderosa emoção do amor perfeito no seu anjo da guarda.

9. Quando você atingir este estágio, relaxe e observe seu anjo da guarda. A imagem ficará mais clara e conseguirá sentir seu anjo refletindo amor de volta para você. É provável que seu anjo comece a revelar sua personalidade e possa surpreendê-lo com o que faz. Desfrute disso e interaja com ele o máximo possível.

10. Você agora atingiu o estágio em que liberta seu anjo da guarda. Esse anjo foi pelo menos parcialmente construído por sua imaginação, e você acrescentou amor e consciência a ele. Seu anjo da guarda também desenvolveu uma individualidade. Por isso, embora ele sempre aja nos seus melhores interesses, nem sempre pode escolher fazer o que você quiser.

11. Observe sua unha de novo. Deixe sua visão se expandir pouco a pouco até você ver sua mão com clareza. Mentalmente, vire a palma para cima. Visualize seu anjo da guarda de pé na palma da sua mão.

Olhe para seu anjo por alguns minutos e, então, lhe agradeça por estar com você. Emane o máximo de amor que puder para ele e visualize o amor sendo absorvido. Por fim, na sua mente, leve sua mão aos lábios e sopre suavemente. Observe seu anjo voar da sua mão.

12. Passe alguns minutos pensando no que conseguiu antes de voltar ao seu mundo cotidiano. Conte devagar até cinco, abra os olhos e alongue-se. Quando estiver pronto, levante-se e continue com seu dia.

Não é comum alguém completar este exercício na primeira tentativa. A maioria precisa repeti-lo várias vezes antes de conseguir os resultados desejados. Não precisa se preocupar se demorar mais do que espera. Tenha paciência e você terá sucesso quando menos esperar.

## É real?

Essa pergunta me foi feita centenas de vezes ao longo dos anos. Acho que a melhor resposta é outra pergunta: "O seu anjo da guarda parece real?"

A pessoa sempre diz: "Sim".

"O seu anjo da guarda construído cuida de você?"

"Sim."

"Ele lhe dá amor, conforto e proteção?"

"Sim."

"Neste caso, importa se seu anjo é real ou não?"

"Não."

Creio que os anjos da guarda construídos são reais. Quando você gera uma forma-pensamento, cria uma parcela viva de energia amorosa, curativa e nutritiva. Carl Jung descreveu esse processo quando escreveu que "os anjos personificam a conscientização de algo novo que vem do inconsciente profundo". Mestre Eckhart, teólogo alemão, pensava que os anjos representassem as "ideias de Deus" (NICHOLS, 1980, p. 251).

Depois de demonstrar para si mesmo a realidade de seu anjo da guarda gerado como uma forma-pensamento, você pode criar formas-pensamento para outros propósitos. Pode, por exemplo, emanar formas-pensamento de perdão, cura e amor para seus amigos e para qualquer pessoa que acredite que possa se beneficiar delas. Os receptores podem não saber quem lhes enviou as formas-pensamento, mas eles as sentirão e apreciarão os benefícios. Você, por sua vez, terá o prazer e a satisfação de fazer algo vantajoso e valioso para quem ama.

## Os anjos da guarda Schemhamphoras

Os Schemhamphoras (ou *Schemhamphorae*) são um grupo de 72 anjos que levam os nomes diferentes dados a Deus nas escrituras judaicas. Eles foram mencionados pela primeira vez no livro do Êxodo na Bíblia: "Eis que envio um Anjo diante de ti para que te guarde pelo caminho e te conduza ao lugar que tenho preparado para ti. Cuidado com ele e obedeça à sua voz, não o provoques, porque ele não perdoará a tua transgressão, pois nele está o meu nome" (Êxodo 23:20-21). Os 72 nomes de anjos vêm de Êxodo 14:19-21. Cada um desses três versos contém 72 letras hebraicas que são arranjadas de várias formas para criar os nomes dos 72 anjos. Esses nomes compõem o nome de Deus.

Acredita-se que esses nomes possuem um poder espiritual especial, e os magos ainda hoje os invocam em seus rituais. Segundo os ensinamentos cabalísticos, esses 72 anjos Schemhamphoras são anjos orientadores ou de guarda. A seguir, estão as datas e os anjos relativos a elas:

### Áries

21 a 25 de março: Vehuiah
26 a 30 de março: Jelial
31 de março a 4 de abril: Sitael
5 a 9 de abril: Elemiah
10 a 14 de abril: Mahasiah
15 a 20 de abril: Lelahel

### Touro

21 a 25 de abril: Achaiah
26 a 30 de abril: Cahatel
1º a 5 de maio: Haziel
6 a 10 de maio: Aladiah
11 a 15 de maio (e 11 a 15 de junho): Lauviah
16 a 20 de maio (e 17 a 22 de julho): Hahaiah

### Gêmeos

21 a 25 de maio: Iezalel
26 a 31 de maio: Mebahel
1º a 5 de junho: Hariel
6 a 10 de junho: Hakamiah
11 a 15 de junho (e 11 a 15 de maio): Lauviah
16 a 21 de junho: Caliel

*Câncer*
22 a 26 de junho: Leuviah
27 de junho a 1º de julho: Pahaliah
2 a 6 de julho: Nelchael
7 a 11 de julho: Ieiaeil (Jelalel)
12 a 16 de julho: Melahel
17 a 22 de julho (e 16 a 20 de maio): Hahajah

*Leão*
23 a 27 de julho: Nith-Haiah
28 de julho a 1º de agosto: Haaiah
2 a 6 de agosto: Terathel
7 a 12 de agosto: Seheiah
13 a 17 de agosto: Reiiel
18 a 22 de agosto: Omael

*Virgem*
23 a 28 de agosto: Lecabel
29 de agosto a 2 de setembro: Vasiariah
3 a 7 de setembro: Yehudiah
8 a 12 de setembro: Lehahiah
13 a 17 de setembro: Chavakiah
18 a 23 de setembro: Menadel

*Libra*
24 a 28 de setembro: Anael
29 de setembro a 3 de outubro: Haamiah
4 a 8 de outubro: Rehael
9 a 13 de outubro: Ieiazel
14 a 18 de outubro: Hahahel
19 a 23 de outubro: Mikael

*Escorpião*
24 a 28 de outubro: Veualiah
29 de outubro a 2 de novembro: Ielahiah
3 a 7 de novembro: Sealiah
8 a 12 de novembro: Ariel
13 a 17 de novembro: Asaliah
18 a 22 de novembro: Mihael

*Sagitário*
23 a 27 de novembro: Vahuel
28 de novembro a 2 de dezembro: Daniel
3 a 7 de dezembro: Hahasiah
8 a 12 de dezembro: Imamiah
13 a 16 de dezembro: Nanael
17 a 21 de dezembro: Nithael

*Capricórnio*
22 a 26 de dezembro: Mebahiah
27 a 31 de dezembro: Poiel
1º a 5 de janeiro: Nemamiah
6 a 10 de janeiro: Ieilael
11 a 15 de janeiro: Harahel
16 a 20 de janeiro: Mitzrael

*Aquário*
21 a 25 de janeiro: Umabel
26 a 30 de janeiro: Iahhel
31 de janeiro a 4 de fevereiro: Anauel
5 a 9 de fevereiro: Mehiel
10 a 14 de fevereiro: Damabiah
15 a 19 de fevereiro: Manakel

*Peixes*
20 a 24 de fevereiro: Eiael
25 a 29 de fevereiro: Habuhiah
1º a 5 de março: Rochel
6 a 10 de março: Gabamiah
11 a 15 de março: Haiaiel
16 a 20 de março: Mumiah

Você pode chamar seu anjo da guarda Schemhamphoras sempre que precisar de conforto, ajuda, conselho ou amor. Como o nome dele contém as letras que formam parte do nome de Deus, o anjo da guarda tem uma ligação especial com a divindade que às vezes lhe proporcionará resultados instantâneos.

# Capítulo 4

# Os Arcanjos

O prefixo *arch-* vem da palavra grega para "chefe". Só três anjos foram mencionados por nome na Bíblia, e dois deles são os arcanjos Miguel e Gabriel. O outro é Lúcifer. No entanto, Miguel é o único descrito como um arcanjo na Bíblia (Judas 9). Em geral, os sete anjos que se colocam diante de Deus no livro do Apocalipse são considerados os sete arcanjos (Apocalipse 15-17). Esses anjos são Miguel, Gabriel, Rafael, Uriel, Raguel, Sariel e Remiel. Miguel, Gabriel, Rafael e Uriel são considerados os mais importantes e são descritos como os "Quatro Anjos da Presença". O primeiro e o terceiro livros de Enoque também se referem aos sete arcanjos. Rafael se descrevia como "um dos sete santos anjos que apresentam as orações dos santos e têm acesso junto à glória do Senhor" (Tobias 12:15).

Os sete arcanjos foram denominados pela primeira vez quando o profeta Enoque descreveu sua visita ao céu no século II a.C. No primeiro livro de Enoque, eles são Uriel, Rafael, Raguel, Miguel, Zeraquiel, Gabriel e Remiel.

Ao longo dos séculos, diversas pessoas criaram listas dos anjos que elas consideravam arcanjos. No Testamento de Salomão, a lista contém Miguel, Gabriel, Uriel, Sabrael, Arael, Iaoth e Adonael.

Para São Gregório, o Grande, os sete arcanjos são: Miguel, Gabriel, Rafael, Uriel, Simiel, Orifiel e Zacariel.

Dionísio, o Areopagita, listou Miguel, Gabriel, Rafael, Uriel, Chamuel, Jofiel e Zadkiel.

Além dos anjos mencionados nessas listas, muitos outros foram chamados de arcanjos, incluindo Adnachiel, Anael, Asmodel, Barchiel,

Cambiel, Cassiel, Hamaliel, Khamael, Malquidael, Metatron, Mizrael, Perpetiel, Raziel, Sachiel, Sahaqiel, Salaphiel, Samael, Sandalfon, Saraqael, Sariel, Sidrael, Suriel, Tzaphiel, Verchiel, Zamael e Zuriel.

Quase todos os arcanjos têm nomes terminados em "-el". *El* significa "ser iluminado" ou "luz brilhante" em hebraico. Metatron e Sandalfon são duas exceções.

Uma oração judaica menciona todos os quatro principais arcanjos:

> *Que Miguel, protetor de Deus, esteja à minha direita;*
> *Gabriel, o poder de Deus, à minha esquerda;*
> *Diante de mim, Uriel, a luz de Deus;*
> *E atrás de mim, Rafael, a cura de Deus.*
> *E, acima da minha cabeça, esteja a presença*
> *permanente de Deus, a Shekinah.*

## Miguel

*Representa:* amor, coragem, força e proteção
*Elemento:* fogo
*Direção:* Sul
*Estação:* outono
*Cor:* vermelho
*Signos do zodíaco:* Áries, Leão e Sagitário

O nome Miguel vem do hebraico *Mikha'el*, que significa "aquele que é parecido com Deus". Miguel é o arcanjo mais conhecido e considerado o mais próximo de Deus. Ele é o anjo mais importante no Cristianismo, no Judaísmo e no Islamismo. Como guerreiro mais importante de Deus, Miguel luta por tudo que é bom, moral e virtuoso. Ele trabalha incansavelmente para criar um mundo de paz e harmonia.

Miguel é considerado o protetor da Igreja Católica Apostólica Romana, e os católicos o chamam muitas vezes de São Miguel. Eles rezam a São Miguel para protegê-los do mal. No Judaísmo, Miguel é considerado um amigo especial e protetor do povo judeu. No livro de Daniel, ele é chamado de "um dos primeiros príncipes" e "o grande príncipe que se erguerá em defesa dos filhos de teu povo" (Daniel 10:13-21). Miguel resgatou Daniel da cova dos leões. Muitos acreditam que Miguel aparecerá sempre que o mundo estiver em grande perigo. Dizem que ele, como guerreiro de Deus, matou com uma mão só 185 mil homens no exército do rei Senaquerib que ameaçavam capturar Jerusalém em 701 a.C. Ele fez isso em apenas uma noite. Foi ele quem expulsou Satanás do céu depois da guerra (Apocalipse 12:7-9). Por causa desses feitos, costuma ser representado com uma espada. Entretanto, às vezes ele é retratado segurando as balanças da justiça ou uma chama azul de proteção.

Uma das tarefas de Miguel é receber as almas imortais quando elas chegam ao céu. Ele pesa suas boas e suas más ações em uma balança (Salmos 62:9; Daniel 5:27).

Miguel tem paralelos em outros textos importantes culturalmente. O indiano *Rig-Veda* tem Indra, o persa *Denkard* tem Vahman, o babilônio *Enuma Elish* tem Marduk, e Apolo é o herói do "Hino a Apolo" de Homero. Não importa por qual nome eles são conhecidos, esses anjos sempre ajudaram a humanidade.

Miguel foi considerado originalmente um espírito protetor, ou até um deus, na antiga Caldeia. O povo precisava de alguém para ajudar na batalha constante entre o bem e o mal, e Miguel foi o símbolo perfeito disso.

Rudolf Steiner, o filósofo austríaco e fundador da Sociedade Antroposófica, acreditava que Miguel foi promovido de arcanjo para arcai, o que lhe deu a liberdade e o tempo para ajudar a humanidade como um todo (PARISEN, 1990, p. 118-119).

De acordo com os gnósticos, Miguel, junto a outros principais arcanjos, estava presente na criação do universo. No Evangelho apócrifo de Bartolomeu, Miguel coletou barro dos quatro cantos da terra, e Deus criou os seres humanos com isso. Miguel é considerado o "Anjo do Senhor" que impediu Abraão de sacrificar seu filho Isaac (Gênesis 22:10). De acordo com a lenda judaica, Miguel também apareceu para Moisés na sarça ardente e resgatou Daniel da cova dos leões (Êxodo 3:2; GINZBERG, 1954, 2:303; Daniel 6:22). Acredita-se também que ele tenha sido o anjo que libertou Pedro da prisão (Atos 12:3-19). No livro do Apocalipse, Miguel liderou os exércitos de Deus que derrotaram as forças de Satanás (Apocalipse 12:7-9). De acordo com o livro de Adão e Eva, Miguel fez tudo o que pôde para ajudar Adão depois de sua expulsão do Jardim do Éden. Ele o ensinou a agricultura e o acompanhou em uma visita ao céu em uma carruagem de fogo. Quando Adão morreu, Miguel convenceu Deus a aceitar sua alma no céu. Desde então, Miguel acompanha as almas até o céu.

Segundo uma tradição antiga, Miguel contou a Sara, esposa de Abraão, que ela teria um filho. Miguel, Gabriel e Rafael adotaram a forma humana temporariamente enquanto cumpriam uma missão para Deus. A tarefa de Miguel foi transmitir a novidade empolgante para Sara de que ela teria um filho. Rafael foi enviado para curar Abraão depois de sua circuncisão, e a tarefa de Gabriel foi destruir Sodoma e Gomorra. Miguel, Rafael e Gabriel não são mencionados pelo nome no relato bíblico desse encontro (Gênesis 18:2-33).

Miguel é venerado na França e, como São Miguel, ele é o santo padroeiro dos marinheiros. Em 708 d.C., Miguel apareceu para Santo Aubert, bispo de Avranches, e pediu-lhe para construir um santuário no que agora é conhecido como Monte Saint-Michel. O santuário depois foi substituído por uma igreja, que é totalmente cercada por água na maré alta.

No Judaísmo, acredita-se que Miguel seja o autor do Salmo 85, que discute os muitos sofrimentos de Israel. Uma antiga tradição judaica diz que Miguel, Gabriel, Rafael, Uriel e Metatron lutaram com sucesso contra Satanás pelo corpo de Moisés e então o enterraram. Em algumas tradições, foi Miguel quem carregou o corpo de Maria, mãe de Jesus, ao céu. Algumas pessoas acreditam que Maria não morreu, mas foi carregada diretamente para o céu por Miguel. Depois da escravidão, o povo judeu reconheceu Miguel como protetor de sua nação.

No Islamismo, Miguel é conhecido como Mikhail. Segundo o Alcorão, Mikhail derramou lágrimas sobre os pecados dos fiéis e estas formaram os querubins. No Islamismo, Mikhail tem 1 milhão de línguas e cada uma pode falar 1 milhão de idiomas. Seu longo cabelo cor de açafrão chega aos pés. Cada fio contém 1 milhão de rostos com 1 milhão de olhos em cada um que derramam 70 mil lágrimas. Suas belas asas são feitas de topázio verde. Mikhail leva seu trabalho a sério e nunca ri (REDFIELD; MURPHY; TIMBERS, 2002, p. 196).

Na tradição islâmica, outra das tarefas de Miguel é cuidar das árvores tuba no paraíso. Elas são árvores douradas cobertas de sinos prateados. O som que fazem é tão belo e poderoso que qualquer ser humano que o ouvir morre imediatamente. Cada sino emite uma luz que ajuda os habitantes do paraíso a ver coisas que eles nunca nem imaginaram quando viviam na terra (KABBANI, 1995, p. 170).

A Festa de São Miguel é celebrada desde 530 d.C. Essa festa foi instituída para celebrar a consagração de uma nova igreja que foi construída perto de Roma. Como Miguel é o santo padroeiro dos cavaleiros, essa festa era importante durante a Idade Média. Atualmente, o dia especial do Arcanjo Miguel é celebrado por anglicanos e católicos em 29 de setembro. Nas igrejas grega, armênia, russa e copta, o dia de Miguel é celebrado em 8 de novembro.

Você pode pedir ajuda a Miguel sempre que precisar de orientação, proteção ou inspiração para agir quando se deparar com seus medos.

## Gabriel

*Representa:* superação de dúvida e medo, harmonia, sabedoria, esperanças e desejos
*Elemento:* água
*Direção:* Oeste
*Estação:* inverno
*Cor:* esmeralda
*Signos do zodíaco:* Câncer, Escorpião e Peixes

O nome Gabriel significa "Deus é minha força". Gabriel está sentado à esquerda de Deus e é considerado seu principal mensageiro. Segundo uma antiga lenda judaica, Gabriel se apresentou a Abraão dizendo: "Sou o anjo Gabriel, o mensageiro de Deus" (GINZBERG, 1909, 1:189).

Dependendo da situação, Gabriel recebe vários nomes, incluindo Anjo da Anunciação, Anjo da Misericórdia, Anjo da Revelação, Embaixador-Chefe da Humanidade, Arauto Divino, Príncipe da Justiça e Proclamador do Último Julgamento. Gabriel é o principal mensageiro de Deus. Ele apareceu na Bíblia pela primeira vez quando visitou Daniel para explicar uma visão a ele (Daniel 8:16).

Gabriel é o anjo da purificação, da orientação e da profecia. Como ele esteve sempre associado com gravidez e nascimento, é conhecido também como o anjo do parto e da esperança. Ele é invocado muitas vezes por mulheres que esperam conceber. Gabriel é o anjo que visitou Zacarias e lhe contou que sua esposa, Elisabete, daria à luz João Batista (Lucas 1:5-25). Ele também visitou Maria e lhe contou que ela daria à luz Jesus (Lucas 1:26-35). A saudação que, segundo os católicos, Gabriel fez, "Ave-Maria", tornou-se parte de uma famosa oração: "Ave-Maria, cheia de graça, o Senhor é convosco. Bendita sois vós entre as mulheres, e bendito é o fruto do vosso ventre, Jesus. Santa Maria, mãe de Deus, rogai por nós pecadores, agora e na hora da nossa morte. Amém". Na tradição católica, foi Gabriel quem contou aos pastores sobre o nascimento de Jesus (GEORGIAN, 1994, p. 53). A Igreja Católica celebra a Festa de São Gabriel em 24 de março.

Na era medieval, o sino do Angelus era conhecido como sino de Gabriel. O Angelus é uma oração da Igreja Católica Apostólica Romana recitada três vezes ao dia: às 6 horas, ao meio-dia e às 18 horas. O sino é tocado para lembrar a Anunciação. As primeiras palavras são "*Angelus Domini nuntiavit Mariae*", que significam "o anjo do Senhor anunciou a Maria".

Muitas lendas envolvem Gabriel. Uma das mais encantadoras delas diz que Gabriel ensina as crianças não nascidas sobre o céu. Antes de elas nascerem, Gabriel toca acima do lábio superior delas para garantir que não se lembrarão do que ele lhes contou até morrerem. O toque de Gabriel forma o filtro labial, a depressão entre o nariz e o lábio superior.

Muitos cristãos acreditam que foi Gabriel quem contou a boa-nova sobre o nascimento de Cristo aos pastores. Dizem que ele avisou Maria e José que os soldados do rei Herodes procuravam pelo rei recém-nascido. Acredita-se também que ele tenha retirado a pedra que fechava o túmulo de Jesus. Na tradição cristã, Gabriel soprará as trombetas para acordar os mortos no Dia do Julgamento.

No Islamismo, Gabriel também é chamado de Djibril. A religião do Islã começou quando Djibril visitou Maomé no Monte Hira e lhe contou que ele era um profeta. Os muçulmanos também acreditam que Djibril ditou o Alcorão para Maomé em um período de 23 anos (LAMBERT, 2013, p. 287). Na tradição islâmica, Gabriel ensinou Noé a construir sua arca e ordenou que os anjos trouxessem madeira dos cedros do Líbano. A arca foi construída com 124 mil tábuas de madeira. O nome de um profeta foi inscrito em cada uma. Deus enviou um anjo para inspecionar cada uma das tábuas para garantir que estivessem adequadas.

Os muçulmanos também acreditam que Gabriel presenteou Abraão com a Pedra Negra da Caaba. Essa pedra é beijada pelos muçulmanos que fazem a peregrinação anual para Meca.

No século XIII, o poeta sufi Ruzbihan Baqli teve uma visão na qual ele observou Gabriel. Ele explicou: "Na primeira fila eu vi Gabriel, como uma dama ou como a Lua entre as estrelas. Seu cabelo é como o de uma mulher, caindo em longos cachos. Ele usava um manto vermelho bordado de verde... Ele é o mais belo dos Anjos... Seu rosto é como uma rosa vermelha" (BAQLI, 1997, p. 47).

Uma antiga lenda judaica envolve Gabriel e um anjo preguiçoso chamado Dubbiel, que foi o anjo da guarda da Pérsia. Deus ficou frustrado com Israel e mandou Gabriel matar todos os judeus despejando carvão incandescente neles. Qualquer sobrevivente seria morto pelos babilônios. Gabriel sentiu pena do povo de Israel e pediu para Dubbiel, o anjo mais preguiçoso do céu, passar os carvões incandescentes para ele. Dubbiel foi tão lento que os carvões estavam quase frios quando Gabriel os atirou em Israel. Gabriel não parou aí. Ele falou com os babilônios e os convenceu de que faria mais sentido subjugar os israelitas do que matá-los. Quando Deus soube disso, ficou furioso e depôs Gabriel de seu cargo de primeiro-ministro do céu. Ele deu esse cargo a Dubbiel, que imediatamente começou a ajudar os persas à custa dos outros países. Três semanas depois, quando Deus se reunia com os anjos do mais alto escalão, Gabriel entrou na sala e declarou um argumento astuto. Deus ficou impressionado com isso e no mesmo instante readmitiu Gabriel no seu antigo posto.

Uma das histórias mais incomuns sobre Gabriel é ele ter inventado o café. Parece que Maomé se sentia muito cansado uma noite e estava prestes a adormecer. Gabriel levou-lhe uma xícara de café, e Maomé ganhou tanta força com isso que derrotou 40 cavaleiros e satisfez 40 mulheres.

Há uma linda história sufi sobre Gabriel e Moisés. Deus enviou Gabriel e outros 99 anjos para ajudar Moisés a atingir o estado de pureza necessário para escrever a Torá nas tábuas douradas. Cada um desses anjos representava um aspecto de Deus, e eles lhe ensinaram

124 mil palavras. A cada vez que Moisés aprendia uma nova palavra, ele subia para um nível mais elevado, até conseguir ver apenas o branco puro. Assim que atingiu esse estado, Gabriel pediu para os outros anjos encherem Moisés com os atributos específicos que eles possuíam. Por fim, Gabriel ensinou Moisés a fazer ouro e encheu o coração dele com o conhecimento que precisava ser escrito nas tábuas. Moisés então escreveu a Torá (KABBANI, 1995, p. 18-19).

Na tradição judaica, Gabriel pode falar todos os idiomas do mundo, e em uma única noite ensinou a José todas as 70 línguas que eram faladas na Torre de Babel. Nessa época, José era um escravo humilde, mas esse feito incrível logo fez dele a segunda pessoa mais importante no mundo depois do faraó (GINZBERG, 1909, 2:72).

No Judaísmo, Gabriel é associado com a Lua. Ele também é relacionado com o elemento água. Isso significa que ele cuida das pessoas que viajam sobre as águas. Como tanto a água quanto a Lua simbolizam as emoções, ele também é o arcanjo das emoções.

De acordo com o Zohar II, 11a-11b, Gabriel é descrito como responsável pelas almas das pessoas. Quando alguém morre, ele recebe a alma do indivíduo e a leva para seu novo lar, que é determinado pelo modo como a pessoa viveu. Quando chega a hora de a alma reencarnar de novo, Gabriel acompanha o espírito de volta à Terra.

Minha história favorita sobre o Arcanjo Gabriel foi relatada por William Blake, o artista e poeta inglês, em seu diário. Ele foi encarregado de desenhar um anjo, mas estava achando mais difícil do que pensava. Sentindo-se frustrado, ele perguntou: "Quem poderia pintar um anjo?"

Na mesma hora, ouviu uma resposta: "Michelangelo poderia".

William Blake olhou em volta, mas não havia ninguém com ele. "Como você sabe?", ele perguntou.

A voz poderosa respondeu: "Eu sei porque me encontrei com ele. Sou o Arcanjo Gabriel".

William Blake ficou impressionado com essa resposta, mas ainda estava desconfiado. Pelo que ele sabia, poderia ser um espírito maligno fingindo ser Gabriel. Então pediu uma prova.

"Um espírito maligno pode fazer isso?", a voz perguntou. William Blake notou imediatamente uma forma brilhante com grandes asas.

Dela irradiava uma luz pura. Enquanto ele observava, o anjo crescia cada vez mais, e o teto do estúdio de Blake se abriu para Gabriel voar para o céu. Em seu diário, William Blake escreveu que Gabriel então "moveu o universo". Infelizmente, ele não explicou o que aconteceu, mas escreveu que estava convencido de que vira Gabriel (CORTENS, 2003, p. 39-40).

Você pode pedir auxílio a Gabriel sempre que precisar de confiança, de ajuda para lidar com suas emoções ou caso se sinta ansioso. Ele lhe dará orientação, inspiração e irá livrá-lo de dúvidas e medos. Gabriel está disposto a ajudar qualquer pessoa que tenha problemas com concepção, com carregar um bebê na barriga ou que esteja preocupada com o parto. Ele também o ajudará a se expressar com clareza e franqueza.

## Rafael

*Representa:* cura, fartura, conhecimento e honestidade
*Elemento:* ar
*Direção:* Leste
*Estação:* primavera
*Cor:* azul
*Signos do zodíaco:* Gêmeos, Libra e Aquário

Rafael é o terceiro arcanjo mais importante, depois de Miguel e Gabriel. Seu nome significa "Deus cura" ou "o iluminado que cura". Por isso, ele é muitas vezes chamado de "médico divino". Quando perguntado sobre quem era no livro apócrifo de Tobias no Antigo Testamento, Rafael respondeu: "Sou Rafael, um dos sete santos anjos que apresentam as orações dos santos e têm acesso junto à glória do Senhor" (Tobias 12:15).

O nome de Rafael não é mencionado na Bíblia, mas ele desempenha um papel importante como anjo da guarda de Tobias. O livro de Tobias conta a história de Tobit, um israelita honrado que ficou cego depois de tentar dar enterros adequados para judeus que foram mortos pelo exército de Senaquerib. Tobit estava cansado demais para voltar para casa e foi dormir ao ar livre. Durante a noite, excrementos de pássaros caíram em seus olhos e o deixaram cego.

Isso afetou todos os aspectos da sua vida, e ele rezou a Deus pedindo para morrer.

Ao mesmo tempo, em medina, uma jovem chamada Sara também rezava pela morte. Um demônio chamado Asmodeus matou todos os homens com quem ela se casaria na sua noite de núpcias. Deus ordena que Rafael cure Tobit e livre Sara do demônio.

Tobit pede para seu filho, Tobias, viajar para medina para coletar algum dinheiro que lhe devem. Como é muito longe e perigoso, ele lhe pede para encontrar uma pessoa honesta para viajar com ele. Ele encontra um homem chamado Azarias, que se oferece para acompanhá-lo. Tobias não sabe que Azarias é na verdade Rafael disfarçado.

Os dois homens partem. Quando eles chegam a um rio, Tobias lava seus pés na água. Um peixe tenta devorar seu pé. Eles pegam o peixe, e Rafael diz para Tobias retirar o coração, o fígado e o fel. Quando eles chegam a Medina, Rafael conta a Tobias sobre Sara. Ele está comprometido para casar com ela, pois eles são primos. Rafael diz a Tobias que ele ficaria seguro se queimasse o coração e o fígado do peixe na noite de núpcias, pois isso afastaria o demônio quando ele viesse em sua busca. Tobias e Sara se casam, e a fumaça da queima do coração e do fígado mandou o demônio Asmodeus para o "Alto Egito". Rafael o segue e o amarra para evitar que ele cause mais problemas. O pai de Sara já tinha preparado um túmulo para Tobias. Quando ele descobriu que o genro ainda estava vivo, fechou o túmulo e mandou preparar uma festa enorme de casamento. Por causa da duração da festa, Tobias pediu para Rafael coletar o dinheiro que deviam a Tobit. Ao fim das celebrações, Tobias, Sara e Rafael voltam a Nínive. Quando eles chegam lá, Rafael diz para Tobias fazer um unguento com o fel do peixe e esfregá-lo nos olhos de seu pai. Ele faz isso, e Tobit recupera a visão. Tobit e Tobias ficam tão gratos que oferecem metade de sua fortuna ao guia. Ele lhes diz: "Eu sou um dos sete anjos que estão sempre presentes e têm acesso à glória do Senhor... Quando estive convosco, não agia por vontade própria, mas pela vontade de Deus". Depois de curar Tobit e Sara, Rafael voltou ao céu. Por causa dessa história, os artistas retratam Rafael muitas vezes como um viajante, carregando um cajado e um peixe.

Os primeiros cristãos acreditavam que foi Rafael quem apareceu aos pastores à noite, levando-lhes "boas-novas de grande alegria, que será para todos os povos", sobre o nascimento de Jesus (JAMESON, 1890, 1:119).

Por causa disso, ele é considerado o chefe dos anjos da guarda. Rafael está envolvido na cura da terra e pode ser considerado anjo da guarda da humanidade. Às vezes é chamado de anjo da compaixão. Muitos acreditam que Rafael seja o anjo que entrou no tanque de Betesda e agitou a água. A primeira pessoa que entrou nesse tanque depois disso foi curada (João 5:2-4). Embora não seja mencionado seu nome no relato bíblico, é mais provável que Rafael tenha realizado esse milagre.

Ele também é citado várias vezes no livro de Enoque. Na primeira delas, Miguel, Sariel, Rafael e Gabriel olharam para baixo do céu e viram que a terra estava "cheia de impiedade e violência" (1 Enoque 9:1). Essa é possivelmente a primeira menção dos quatro arcanjos (BLACK, 1985, p. 129).

Em seu papel como curador, acredita-se que Rafael tenha tirado a dor que Abraão sofria depois de sua circuncisão, e seja o anjo que curou a coxa de Jacó depois de sua luta com um anjo (Gênesis 32:24-31). Segundo uma antiga tradição judaica, ele ajudou Noé a aprender como construir uma arca. Depois que o dilúvio acabou, Rafael deu-lhe um livro de medicina. Acredita-se que seja o *Sefer Raziel*, o livro do anjo Raziel. Esse livro consiste principalmente em feitiços que Raziel teria dado a Adão. Infelizmente, o livro desapareceu e foi considerado perdido, até Rafael dá-lo a Noé. As habilidades curativas de Rafael vão além da cura física. Ele também realiza curas mentais, emocionais e espirituais. Ele pode literalmente curar as feridas da humanidade.

Rafael também recebeu o crédito por ajudar Salomão a construir o grande templo. Salomão orou a Deus pedindo ajuda para construir o templo. Deus entregou a Rafael um anel especial para ser dado a Salomão. O selo no anel era um pentagrama, ainda hoje uma das ferramentas mais importantes da magia cerimonial. Por causa disso, muitos chamam Rafael de anjo das ferramentas mágicas e dos milagres que elas podem criar. O pentagrama também é um dos símbolos médicos mais antigos, e isso provavelmente se deve à sua associação com Rafael (CONYBEARE, 1898).

Rafael protege viajantes e também cura as feridas dos mártires. De acordo com uma lenda judaica, ele também cuida da Árvore da Vida no Jardim do Éden.

A Igreja Católica costumava celebrar Rafael em 24 de outubro, mas hoje em dia ele é celebrado em 29 de setembro, que é conhecido como dia de São Miguel e todos os anjos.

Você pode pedir ajuda a Rafael sempre que precisar de vitalidade e energia adicionais ou estiver envolvido em alguma atividade criativa. Rafael também oferece cura, inspiração, plenitude e unidade. Ele adora ensinar e está disposto a ajudar todo aquele que quiser aprender.

## Uriel

*Representa:* pensamento claro, clareza, compreensão e paz
*Elemento:* terra
*Direção:* Norte
*Estação:* verão
*Cor:* branco
*Signos do zodíaco:* Touro, Virgem e Capricórnio

Uriel é o arcanjo da profecia e o último dos quatro Anjos da Presença. Seu nome significa "Deus é minha luz" ou "fogo de Deus". Uriel tem muitos deveres. No livro de Adão e Eva, ele é chamado de anjo do arrependimento (xxxii:2). Nessa função, ele encontra as almas dos pecadores quando eles chegam ao céu. Também é o anjo da música. Na lenda judaica, Deus enviou Uriel para alertar Noé sobre o dilúvio (1 Enoque 10:1-3). Por causa disso, acredita-se que esse anjo esteja encarregado de todos os fenômenos naturais, incluindo trovões, inundações e terremotos (1 Enoque 20:2). Na verdade, muitos acreditam que os arco-íris sejam um sinal da presença de Uriel. Ele também é um talentoso professor e deu aulas a Seth, filho de Adão, sobre astronomia, o tempo e os caracteres hebraicos (JOEL, 1836).

Ao contrário de Miguel, Gabriel e Rafael, Uriel não tem seu nome mencionado nas escrituras, mas apareceu em muitas histórias e lendas. Ele tem um lugar especial na tradição judaica, pois se acredita que ele tenha dado a Cabala aos judeus. Na Cabala, Uriel é associado com o pilar do centro da Árvore da Vida e com Malkuth, o Reino. Malkuth representa o mundo em que vivemos, e é cuidado pelo Arcanjo Sandalfon. Uriel e Sandalfon trabalham juntos para cuidar da saúde e do bem-estar do planeta. Por isso, Uriel às vezes é chamado de Grande Arcanjo da Terra. Ele também é considerado capataz do inferno. De acordo com os *Oráculos Sibilinos*, Uriel tem as chaves do inferno e abrirá seus portões no Dia do Julgamento (livro 2, versos 280-293). Ele também ensinou a Torá para Moisés.

Uriel é considerado o anjo que destruiu as hostes de Senaquerib (II Reis 19:35). Ele também pode ter sido o anjo que lutou com Jacó uma noite toda (Gênesis 32:24-32).

Uriel ensinou Ezra que o mal tem um certo período para continuar. Como Ezra não conseguiu entender esse conceito, o anjo o ajudou a ter sete sonhos proféticos para explicar o que ele queria dizer. Esses sonhos cobriam toda a história, incluindo passado e futuro. Uriel então ajudou Ezra a compreender e interpretar as mensagens em seus sonhos (GINZBERG, 2003, p. 356-357).

No segundo livro apócrifo de Esdras, este acusou Deus de ajudar os inimigos de Israel. Uriel viajava com Esdras na ocasião e disse-lhe que revelaria as razões de Deus depois que Esdras tivesse pesado o fogo, medido o vento e trazido de volta o ontem. Esdras admitiu que não poderia fazer nenhuma dessas coisas. Uriel disse que se Esdras conhecia o fogo, o vento e os dias, mas não conseguia compreendê-los, como ele poderia entender as intenções de Deus, quando ele não o conhecia? Assim que ouviu isso, Esdras caiu aos pés de Uriel e pediu perdão (II Esdras 4:9-35).

Uriel é um dos anjos rejeitados. Como não teve seu nome mencionado na Bíblia, ele e vários outros anjos foram rebaixados no concílio de Roma em 745 d.C.

Em *The Magus*, Francis Barrett, o influente ocultista inglês, escreveu que Uriel levou o dom da alquimia à humanidade (BARRETT, 1801, p. 57). Essa informação provavelmente explica por que Uriel é o arcanjo mais invocado de todos.

Dr. John Dee, o acadêmico e astrólogo que previu a aproximação da Armada Espanhola e aconselhou a rainha Elizabeth I sobre a data certa para a coroação, trabalhou muito com Uriel. O dr. Dee registrou em seu diário que, em 6 de abril de 1583, Uriel apareceu em sua bola de cristal para dizer-lhe que ele tinha 40 dias para escrever o *Livro dos Segredos*. Isso marcou o início de uma enorme quantidade de trabalho que no fim produziu a língua secreta e sagrada dos anjos, conhecida como língua enoquiana. Três séculos depois, essa língua foi incluída como parte dos ensinamentos da Ordem Hermética da Aurora Dourada, e ainda hoje é ensinada em muitas escolas ocultistas.

Os artistas costumam retratar Uriel com um pergaminho em uma mão e uma chama queimando na palma da outra mão. Essa chama simboliza o "fogo de Deus".

Como o elemento de Uriel é a terra, você pode pedir sua ajuda sempre que precisar de uma base. Uriel oferece paz e tranquilidade, transformação, o dom da profecia, compreensão e prosperidade. Ele também pode ajudá-lo a encontrar seu valor próprio e se apreciar pela pessoa maravilhosa e única que é. Uriel é o anjo da 11ª hora, o que significa que ele pode ser invocado sempre que você estiver em meio a uma grande emergência ou crise.

## Os outros arcanjos

Em geral, Miguel, Gabriel, Rafael e Uriel são aceitos como arcanjos. No entanto, há uma controvérsia considerável sobre os outros membros dessa ordem. Muitos outros anjos foram chamados de arcanjos, mas na verdade ninguém sabe exatamente quais anjos pertencem a esse grupo. Aqui estão 12 anjos que foram classificados como arcanjos por pelo menos uma fonte confiável.

### *Anael*

Seu nome significa "a graça de Deus". Anael é considerado um dos sete arcanjos da criação. De acordo com o terceiro livro de Enoque, Anael transportou Enoque para o céu em uma carruagem de fogo. Ele é nomeado como um dos sete grandes arcanjos em *The Hierarchy of Blessed Angels*, de Thomas Heywood, publicado em 1635. Rudolf Steiner, filósofo, autor e fundador da antroposofia, também chamava Anael de um dos sete grandes arcanjos. Porém, Anael não é listado como arcanjo nas hierarquias de Dionísio, o Areopagita, de São Gregório ou no terceiro livro de Enoque.

Ele é considerado o anjo que falou estas palavras: "Abri as portas da cidade, para que entre uma nação justa que observa a verdade" (Isaías 26:3).

Anael é um dos anjos planetários e está associado com Vênus. Por isso, ele pode ser invocado para qualquer coisa que envolva amor, romance, sexualidade, paz e harmonia. Além disso, ele também ajuda em questões de *status*, reconhecimento e carreiras. Anael também auxilia as pessoas a superar a timidez e a ganhar confiança em si mesmas.

## *Cassiel*

Cassiel auxilia as pessoas a aprender a ter paciência e as estimula para fazer o que for necessário para superar seus problemas e dificuldades. Ele também ajuda a ter serenidade e paz de espírito. É o anjo do carma e faz as pessoas entenderem a lei de causa e efeito. Cassiel é o senhor de Saturno, um planeta de movimento lento. Demora quatro anos para Saturno orbitar pelo Sol, e às vezes Cassiel demora esse tanto para resolver um problema. Felizmente, Rafael fica feliz em conversar com ele e acelerar o processo.

Cassiel é retratado por artistas como um homem carrancudo com uma barba escura. Ele usa uma coroa e segura uma flecha feita de pluma. Ele é retratado muitas vezes sentado no dorso de um dragão.

## *Chamuel*

Seu nome significa "aquele que busca Deus". Chamuel é o arcanjo da compaixão e do amor divino. Algumas fontes dizem que foi o anjo que confortou Jesus no Jardim de Getsêmani. No entanto, esse anjo costuma ser considerado Gabriel.

Chamuel corrige os erros, acalma mentes perturbadas e proporciona justiça. Além disso, ele pode ajudá-lo a encontrar o parceiro certo e, se o relacionamento não durar, também pode auxiliá-lo a superar a perda de um relacionamento importante. Ele pode ajudá-lo a perdoar os outros, principalmente pessoas que você considerava amigos e amantes. Chamuel adora auxiliar as pessoas a aprofundar seus relacionamentos e a levá-los a um novo nível. Ele também está disposto a ajudá-lo a manifestar seus sentimentos por alguma forma de criatividade, como escrita, pintura e música. Como seu elemento é a terra, o melhor lugar para contatá-lo é ao ar livre, principalmente em um ambiente agradável onde você não tenha interrupções, como um jardim, uma mata ou o topo de uma colina.

Você deve invocá-lo sempre que precisar de mais força, coragem, determinação e persistência.

### *Jeremiel*

Seu nome significa "misericórdia de Deus". Jeremiel é mencionado no livro de Esdras e no primeiro livro de Enoque. Ele traz as questões que ficaram ocultas à tona. É considerado um anjo da transição, por encorajar as pessoas a fazer mudanças positivas em suas vidas. Há alguma incerteza sobre sua denominação na lista de arcanjos, pois é possível que seu nome seja outro nome de Remiel ou do Arcanjo Uriel.

### *Jofiel*

Seu nome significa "a beleza de Deus". Jofiel é considerado o guardião da Árvore do Conhecimento no Jardim do Éden. De acordo com uma lenda judaica, foi ele quem expulsou Adão e Eva do Jardim do Éden. Ele também ensinou, orientou e cuidou dos três filhos de Noé: Sem, Cam e Jafé. Jofiel é um dos Anjos da Presença e considerado um grande amigo do arcanjo Metatron. Ele ama a beleza e estimula todas as formas de criatividade. Não é surpresa que ele seja considerado o anjo padroeiro dos artistas.

### *Metatron*

O significado de seu nome não está claro, embora possa ser "o trono ao lado do trono de Deus". Metatron é o anjo mais importante na tradição judaica. No terceiro livro de Enoque, Metatron está sentado em um trono enquanto faz justiça. Ele foi um escriba enquanto vivia na Terra e continuou a fazer isso no céu. Não é surpresa ele ser considerado o secretário de Deus. Nessa função, ele registra todas as atividades terrenas e celestiais, incluindo as boas e más ações de Israel. Ele também é responsável pelo bem-estar de toda a humanidade. De acordo com a lenda, Metatron era originalmente Enoque, da sétima geração de Adão, que viveu por 365 anos antes de Deus transformá-lo em um anjo. É explicado no Gênesis que "Enoque andou com Deus, depois desapareceu, pois Deus o arrebatou"

(Gênesis 5:23-24). Alguns dos anjos não ficaram satisfeitos quando Deus transformou um humano em um anjo. Depois de responder a suas objeções, Deus abençoou Enoque com 1.365.000 bênçãos e o aumentou até ele ficar quase tão grande quanto o mundo. Ele tem 36 pares de asas e 365 mil olhos, cada um deles tão brilhante quanto o Sol. É muitas vezes chamado de anjo da humanidade, por ter vivido como ser humano. Por causa disso, ele consegue ver tanto o ponto de vista terreno como o celestial. Entretanto, ele depende da bondade inata das pessoas para fortalecer sua energia espiritual.

O *Zohar* dá uma explicação para Enoque ter sido escolhido para se tornar anjo. Parece que ele nasceu com a mesma centelha divina da perfeição espiritual que Adão possuía. Adão a perdeu quando foi expulso do Éden. Deus não poderia deixar alguém com essa centelha divina continuar com outros meros mortais. Por isso, ele foi levado para o céu, onde sua perfeição poderia ser apreciada e usada (1:37b, 1:56b, 1:223b, 2:179a, 3:83b).

Na crença judaica, Metatron leva todas as orações diretamente para Deus, passando por 900 céus no caminho. No entanto, quando as orações são feitas em hebraico, Metatron pede a ajuda de Sandalfon para entrelaçar a oração em uma coroa de flores que Deus pode usar na cabeça. Johann Eisenmenger, filósofo alemão, afirmava que Metatron era o anjo da morte de Deus que recebe suas ordens sobre quais almas devem ser levadas a cada dia. Além disso, acredita-se que ele ensina as almas das crianças mortas no céu.

Segundo a lenda, Metatron foi o anjo que lutou com Jacó por uma noite inteira. Porém, vários outros anjos, incluindo Miguel e Zadkiel, também foram associados com esse acontecimento. É possível que este verso no Êxodo se refira a Metatron: "Eis que envio um anjo diante de ti para que te guarde pelo caminho e te conduza ao lugar que tenho preparado para ti" (Êxodo 23:20).

Você pode invocar Metatron sempre que precisar pensar profundamente ou aumentar sua autoestima.

## *Raguel*

Seu nome significa "amigo de Deus". De acordo com o segundo livro de Enoque, Raguel e Sariel são dois dos anjos que podem ter acompanhado Enoque para o céu. Enoque escreveu que Raguel é um dos sete arcanjos e aquele responsável por levar as almas para o céu. Raguel garante que todos os anjos mantenham os padrões de comportamento mais elevados possíveis. Suas responsabilidades incluem a justiça, a harmonia, a disciplina e a retribuição. Ele é considerado o bondoso e generoso assistente de Deus.

No apócrifo Apocalipse de João, Deus invoca Raguel depois de separar as ovelhas dos bodes: "Então Ele mandará o anjo Raguel, dizendo: vai, soa a trombeta para os anjos do frio, da neve e do gelo e reúne todo tipo de ira sobre aqueles que estão à esquerda" (*The Ante-Nicene Fathers*, 1886, p. 586).

Raguel, junto a Uriel e Samiel, foi rebaixado pelo papa Zacarias no concílio em Roma em 745 d.C. Na verdade, o papa chamou Raguel de demônio "que se passou por santo". Essas são palavras duras para descrever um anjo que garantia que os outros anjos se comportassem direito.

Você pode pedir ajuda a Raguel sempre que tiver dificuldades com os outros, principalmente crianças ou jovens. Ele também o auxilia a afirmar ou fortalecer sua fé e oferece harmonia para sua vida.

## *Raziel*

Seu nome significa "segredo de Deus". Raziel fica atrás das cortinas na frente do trono de Deus e consegue ver e ouvir tudo que é discutido. Ele usa o que aprendeu para revelar à humanidade os ensinamentos e decretos divinos.

Raziel sentiu pena de Adão e Eva quando eles foram expulsos do Jardim do Éden e deu a Adão o livro de Raziel. Esse livro continha todo o conhecimento do universo, e com ele Adão e Eva poderiam viver sozinhos fora do jardim. Segundo a lenda judaica, alguns anjos sentiram inveja de todo o conhecimento que Adão aprendeu com o livro, roubaram-no e o jogaram no mar. Quando Deus viu como Adão ficou chateado com essa perda, Ele chamou Rahab, o anjo do mar, e pediu-lhe que encontrasse o livro e o devolvesse a Adão. Muitos anos depois, esse livro foi encontrado por Enoque, que soube em um sonho onde ele estava. Com a ajuda dessa obra, Enoque tornou-se o homem mais sábio de sua época. Por fim, o livro chegou às mãos de Noé, que o usou para construir sua arca. Centenas de anos depois, o rei Salomão usou as informações do livro para adquirir sabedoria, criar magia e curar os outros.

Dizem que Raziel tem asas azuis e é cercado por uma aura amarela intensa. Ele usa um manto cinza brilhante. Raziel gosta de ajudar os pensadores originais a formularem suas ideias.

Você pode pedir sua ajuda sempre que tiver um grande problema para resolver.

## *Remiel*

Seu nome significa "misericórdia de Deus" e "Deus se eleva". Esse nome é perfeito, pois a principal tarefa de Remiel é conduzir as almas para o céu. Ele cuida das almas dos fiéis depois de terem sido pesadas por Miguel. Remiel também é chamado de anjo da esperança. Ele ajuda pessoas que tenham uma necessidade especial em ver o futuro. Às vezes ele é conhecido como anjo da visão divina. No Apocalipse de Baruc, ele conta a Baruc sobre uma visão que teve com ele derrotando as forças de Senaquerib. Em alguns relatos, Remiel é o anjo que destrói o exército. (Às vezes Miguel também recebe o crédito disso.) Em 1 Enoque, ele é um dos sete arcanjos que cuidam do trono de Deus (1 Enoque 20:8). É interessante notar que depois, no mesmo livro, Enoque menciona que Remiel era um dos anjos caídos.

Você pode pedir a ajuda de Remiel sempre que precisar de paz, calma e harmonia na sua vida.

## *Sandalfon*

É considerado o irmão gêmeo de Metatron. De acordo com uma lenda judaica, ele foi originalmente o profeta Elias. A Bíblia diz: "Elias subiu ao céu em um turbilhão" (2 Reis 2:11). Ele é considerado um dos Anjos da Presença. Na tradição judaica, ele prepara coroa de flores com as orações dos judeus. Ele então as faz subir e pousar na cabeça de Deus com um encantamento. Apesar de sua preferência por orações judaicas, Sandalfon se dispõe a levar qualquer oração para o céu. Ele é um gigante entre os anjos, e seu tamanho apavorou Moisés quando ele foi levado ao céu para receber a Torá. Dizem que demoraria 500 anos para subir dos pés de Sandalfon ao topo de sua cabeça. Em geral, ele é retratado com pássaros voando ao seu redor e uma espada ao lado. Isso porque ele cuida de todas as aves e também é um dos anjos guerreiros de Deus. Ele trabalha com Miguel em sua batalha infinita contra Satanás. É Sandalfon quem decide se um bebê não nascido será menino ou menina.

## *Sariel*

Seu nome significa "comando de Deus". Sariel é mencionado três vezes no livro de Enoque (1 Enoque 9:1, 10:1; 2 Enoque 20:6). Isso não é uma surpresa, pois Sariel e Raguel devem ter sido dois dos anjos que levaram Enoque para o céu. Sariel é o responsável por disciplinar qualquer anjo que se comporte mal. Em algumas tradições, Sariel também ajuda as pessoas que quiserem aprender e acredita-se que seja o anjo que ensinou Moisés. Ele também foi para o Monte Sinai reaver a alma de Moisés após sua morte. Aparentemente, Deus enviou Sariel para Jacó interpretar seu sonho sobre a escada. Sariel também auxilia Rafael em seu ministério de cura e costuma ser chamado de anjo da cura.

Um aspecto incomum de Sariel é ele aparecer às vezes na forma de um boi. Na *Falasha Anthology*, uma coletânea de textos e orações registrados por uma antiga comunidade judaica, ele é chamado tanto de Sariel, o Proclamador, como de Sariel, o Anjo da Morte. Sariel costuma ser invocado na magia cerimonial e até hoje algumas pessoas usam amuletos com seu nome para dar proteção contra o mau-olhado.

Você pode pedir orientação e ajuda a Sariel sempre que precisar deixar sua vida mais organizada. Sariel estimulou Moisés a estudar. Por isso, ele está disposto a ajudar as pessoas que querem aprender. Tanto Sariel como Rafael estão dispostos a auxiliar com a cura.

## *Zadkiel*

Seu nome significa "o justo de Deus". De acordo com o Zohar, um dos livros mais importantes da Cabala, Zadkiel e Zofiel são dois importantes companheiros de Miguel, que o ajudam sempre que ele corrige um erro ou é forçado a entrar em uma batalha (Zohar, Números 154a). Na lenda judaica, Zadkiel é mais conhecido como o anjo de Deus que impediu Abraão de sacrificar seu filho Isaac. No entanto, vários outros anjos, incluindo o competidor mais provável, Miguel, receberam o crédito por isso.

Dionísio, o Areopagita, incluiu Zadkiel em sua lista de sete arcanjos. Ele é um anjo planetário e relacionado com Júpiter. Por causa disso, Zadkiel sempre foi associado com benevolência, fartura, perdão, misericórdia, tolerância, compaixão, prosperidade e boa sorte, todas as qualidades associadas com esse planeta.

Você pode invocar Zadkiel quando precisar de mais alegria e diversão na sua vida. Ele também o ajudará a melhorar sua memória. Além disso, também pode ser invocado para auxiliar com quaisquer problemas legais ou financeiros.

# Capítulo 5

# Os Anjos Especialistas

Ao longo dos séculos, literalmente milhares de anjos foram mencionados, e há incontáveis outros que sequer foram identificados. Isso provavelmente não os incomoda, visto que os anjos existem apenas para servir a Deus e não têm nenhum ego pessoal.

Cada anjo tem um propósito, não importa onde eles estejam na hierarquia dos anjos. Alguns deles, com habilidades e interesses específicos, são chamados de anjos especialistas, e muitos foram identificados. Como os seres humanos na Antiguidade eram fascinados pelas estrelas e pelos movimentos dos planetas, vários desses anjos foram associados com a astrologia.

## Anjos dos sete céus

Cristãos, judeus e muçulmanos acreditam no céu. O conceito de sete céus, em vez de apenas um, é antigo e pode remontar aos antigos sumérios há cerca de 7 mil anos. O sétimo céu é onde Deus vive, por isso a expressão "estar no sétimo céu" significa uma grande felicidade. Os sete céus podem ser visualizados como sete círculos concêntricos envolvendo a Terra.

### *Primeiro céu*

O primeiro céu é o mundo físico, incluindo as estrelas, os planetas, as nuvens e todos os fenômenos naturais. Seu anjo regente é Gabriel. Os anjos que vivem nesse céu incluem os outros três principais arcanjos: Miguel, Rafael e Uriel. Isso porque cada um deles rege um planeta e, por conseguinte, é associado com o fenômeno natural do universo. Adão e Eva também vivem no primeiro céu.

## *Segundo céu*

O segundo céu é onde os pecadores esperam pelo Dia do Julgamento. Isso inclui alguns dos anjos caídos que estão presos nele. Moisés o visitou. O anjo regente do segundo céu é Rafael. Na tradição islâmica, Jesus Cristo e João Batista vivem no segundo céu.

## *Terceiro céu*

De acordo com o segundo livro de Enoque, o terceiro céu contém os dois opostos do céu e do inferno. O Jardim do Éden e a Árvore da Vida ficam na metade sul desse céu e são guardados por 300 anjos de luz. Leite, mel, óleo e vinho jorram de quatro fontes no Jardim do Éden. As abelhas celestiais passam seus dias nesse lugar criando maná, o néctar celestial que Deus enviou aos israelitas durante seu período no deserto. Acredita-se que Deus descanse nesse local antes de subir para o paraíso.

A metade norte do terceiro céu contém o inferno, onde os malfeitores são atormentados e punidos por suas transgressões. Alguns dos anjos caídos estão no inferno.

O anjo regente do terceiro céu é Baradiel.

## *Quarto céu*

Neste céu fica a Jerusalém celestial, o Templo Sagrado e o Altar de Deus. Segundo alguns relatos, é onde também fica o Jardim do Éden. Os movimentos do Sol e da Lua também são cuidados nesse céu. O anjo regente do quarto céu é Miguel.

## *Quinto céu*

Alguns dos anjos caídos ficam confinados no quinto céu (além de no segundo e terceiro céus). Os gigantes Grigori, ou Vigias, são um grupo de anjos caídos que estão presos nesse céu, pois desejaram pessoas na Terra e forneceram com elas. Eles vivem na parte norte desse céu. A parte sul é o lar de muitos anjos ministeriais que sempre cantam canções de louvor a Deus. De acordo com o profeta Sofonias, vários anjos do coro dos domínios também vivem aqui. Em geral, Zadkiel é considerado o regente do quinto céu. No entanto, alguns relatos afirmam que essa função é de Sandalfon.

## *Sexto céu*

Os registros celestiais ficam guardados no sexto céu, e coros de anjos sempre os estudam. Sete fênix e sete querubins vivem nesse céu e passam seu tempo louvando o Senhor. O sexto céu tem dois regentes. Zebul rege o sexto céu à noite, e Sabá o rege durante o dia. Dizem que o sexto céu é coberto com neve, e os habitantes são constantemente fustigados por fortes tempestades.

## *Sétimo céu*

Deus, os serafins, os querubins e os tronos vivem nesse céu. Deus é cercado pelos quatro Anjos da Presença: Miguel, Gabriel, Uriel e Penuel. Os espíritos das pessoas que ainda não nasceram vivem nesse céu. O sétimo céu é regido pelo Arcanjo Cassiel (ou possivelmente Miguel).

## Anjos planetários

Os antigos romanos associaram os sete planetas visíveis com os dias da semana. Gradativamente, cada vez mais elementos, incluindo anjos, foram relacionados com os planetas. A primeira evidência documentada disso remonta ao século XII na Espanha, quando acadêmicos europeus começaram a traduzir preciosos manuscritos do passado. A associação com os anjos não é uma surpresa, pois as pessoas acreditavam que cada planeta continha algum tipo de inteligência que o guiava e orientava sua órbita pelo céu. Diversas associações foram feitas, mas as mais aceitas são as seguintes:

*Domingo:* Sol – Miguel (também Rafael)
*Segunda-feira:* Lua – Gabriel
*Terça-feira:* Marte – Samael (também Chamuel)
*Quarta-feira:* Mercúrio – Rafael (também Miguel)
*Quinta-feira:* Júpiter – Zadkiel (também Sachiel e Zacariel)
*Sexta-feira:* Vênus – Haniel
*Sábado:* Saturno – Cassiel (também Orifiel e Zafkiel)

O *Liber Juratus*, às vezes chamado de *The Sworn Book of Honorius*, é um famoso grimório do século XIII que influenciou magos por séculos. Ele dá alguma indicação do número e da variedade de anjos que foram associados com os planetas e com os dias da semana. Apresenta 47 anjos para o domingo, 56 para a segunda-feira, 52 para a terça-feira, 45 para a quarta-feira, 37 para a quinta-feira, 47 para a sexta-feira e 50 para o sábado.

## Anjos zodiacais

Os anjos são associados com os signos do zodíaco há milênios. Na tradição judaica, Masleh é o anjo encarregado do zodíaco. As pessoas rogam aos anjos zodiacais frequentemente para ajudar em rituais envolvendo as qualidades de um signo específico. Você pode se comunicar com o anjo regente do seu signo sempre que quiser. Isso ajuda especialmente se desejar informações sobre seu futuro. Se estiver fazendo um pedido para outra pessoa, você deve usar o anjo relativo ao signo zodiacal dela. O melhor momento para entrar em contato com esses anjos é no seu aniversário, mas você pode invocá-los sempre que quiser.

Em *The Book of Secret Things*, o abade Johannes Trithemius, ocultista alemão e professor de Paracelso, incluiu as seguintes associações tradicionais dos anjos com os signos do horóscopo (DAVIDSON, 1967, p. 342).

### *Áries: Malahidael ou Machidiel*

Embora Malahidael e Machidiel ("plenitude de Deus") apareçam frequentemente nas histórias sobre os anjos como dois anjos diferentes, parece provável que sejam dois nomes de um mesmo anjo.

Machidiel é o anjo de março e responsável pelas pessoas nascidas sob o signo de Áries. Você pode invocar Machidiel sempre que precisar de força e coragem adicionais para defender o que acha certo. No primeiro livro de Enoque, ele é chamado de Melkejal, o anjo que cuida do início do ano.

Machidiel é um dos anjos da Árvore da Vida e, frequentemente, invocado por homens que realizam a magia do amor para atrair a mulher adequada. Ele ajuda as pessoas a ganharem a coragem necessária para expressar seu amor.

## *Touro: Asmodel*

Asmodel ("eu me torno") governa o mês de abril e é responsável pelas pessoas nascidas sob o signo de Touro. É chamado de anjo da paciência e estimula progressos lentos, mas constantes. Uma vez, Asmodel era um querubim que guardava a entrada do Jardim do Éden. Isso pode explicar seu amor pelas flores e pela natureza. Infelizmente, ele foi rebaixado depois de uma grande rebelião no céu. Ele pode ser invocado para qualquer questão que envolva amor, romance e natureza. Porém, fica mais feliz quando ajuda as pessoas a permanecerem focadas em seus objetivos, principalmente em questões que as ajudam a melhorar constantemente suas vidas financeiras.

## *Gêmeos: Ambriel*

Ambriel rege o mês de maio e é responsável pelas pessoas nascidas sob o signo de Gêmeos. Ele é um príncipe da ordem dos tronos e muitas vezes considerado um arcanjo. Você pode invocá-lo para quaisquer questões envolvendo a comunicação. Ele se preocupa com o certo e o errado, e é retratado com uma mão levantada na sua frente para afastar energias negativas. Gosta de ajudar as pessoas que buscam novas oportunidades e responsabilidades.

## *Câncer: Muriel*

Muriel rege o mês de junho e é responsável pelos nascidos sob o signo de Câncer. É também um dos quatro regentes do coro dos domínios. Muriel é o anjo da paz e da harmonia. Ele está disposto a ajudar qualquer um, mas gosta principalmente de trabalhar com pessoas em relacionamentos íntimos. Ele também auxilia os amantes da natureza. Você pode invocá-lo sempre que precisar de ajuda para controlar suas emoções. Também pode pedir ajuda a Muriel quando estiver tentando desenvolver sua intuição.

## *Leão: Verchiel*

Verchiel rege o mês de julho e é responsável pelos nascidos sob o signo de Leão. Verchiel é um dos príncipes regentes do coro das potestades. Algumas fontes alegam que ele também é um príncipe da ordem das virtudes. Papus (pseudônimo de Gérard Encausse), físico e ocultista nascido na Espanha e radicado na França, afirmava que Verchiel era governador do Sol.

Verchiel ajuda as pessoas que anseiam por amizade e amor. Oferece entusiasmo, energia e um sentimento de diversão. Você deve invocá-lo se estiver passando por problemas com a família ou os amigos.

### *Virgem: Hamaliel*

Hamaliel rege o mês de agosto e é responsável pelos nascidos sob o signo de Virgem. É o chefe da ordem das virtudes. Hamaliel pode ser invocado para qualquer problema envolvendo lógica, pensamento claro e atenção aos detalhes. Ele recomenda paciência, um progresso lento, mas constante, a cooperação com os outros e uma abordagem prática para resolver os problemas.

### *Libra: Zuriel ou Uriel*

Zuriel ("Deus é minha rocha") rege o mês de setembro e é responsável pelos nascidos sob o signo de Libra. Ele é o príncipe regente da ordem dos principados. Pode ser invocado para criar harmonia e melhorar relacionamentos. É também o anjo do parto e, às vezes, é chamado para ajudar a reduzir a dor que a mãe sente nessa hora. Um manuscrito do século XIII, o livro de Raziel, recomendava que as grávidas usassem amuletos com o nome Zuriel para dar proteção durante a gravidez e o parto.

### *Escorpião: Barbiel*

Barbiel rege o mês de outubro e é responsável pelos nascidos sob o signo de Escorpião. Barbiel é um príncipe da ordem das virtudes e da ordem dos arcanjos. Ele também tem um forte interesse em astrologia. Parece haver dois anjos com esse nome. O segundo é um anjo caído que dizem ser um dos 28 anjos que regem as mansões da Lua. Você pode invocá-lo para curar dores físicas e emocionais. Ele pode ajudá-lo a desenvolver sua intuição e sua compaixão.

### *Sagitário: Advachiel ou Adnachiel*

Advachiel rege o mês de novembro e é responsável pelos nascidos sob o signo de Sagitário. Advachiel e Phaleg são os dois regentes da ordem dos anjos. Advachiel muitas vezes é chamado de anjo da independência e gosta de ajudar pessoas com uma disposição aventureira. Você pode invocá-lo sempre que precisar de ajuda para fazer alguma coisa que tenha um elemento de risco ou que saia da sua zona de conforto.

### *Capricórnio: Hanael*

Hanael ("aquele que vê Deus" ou "glória de Deus") rege o mês de dezembro e é responsável pelos nascidos sob o signo de capricórnio. Ele é príncipe da ordem dos principados e da ordem das virtudes. É também um dos dez arcanjos da Cabala judaica. O livro *The Hierarchy of Blessed Angels* (1635), de Thomas Heywood, apresentou-o como um dos sete grandes arcanjos. Às vezes ele é considerado o anjo que transportou Enoque para o céu. Porém, esse feito costuma ser creditado a Anafiel. Hanael foi um dos anjos que ajudaram a criar o mundo e depois se tornou o anjo encarregado do segundo céu. Ele é um anjo planetário e considerado um dos regentes de Vênus. É muitas vezes conhecido como anjo da alegria, do amor e da harmonia. Pode ser invocado para auxiliar em questões relativas a amor, lar e família. Pode ajudar com cura emocional, e o estabelecimento e a manutenção de relacionamentos harmoniosos com os outros.

### *Aquário: Cambiel ou Gabriel*

Cambiel rege o mês de janeiro e é responsável pelos nascidos sob o signo de Aquário. Interessa-se por ciência e tecnologia. Está disposto a ajudar em qualquer questão relativa a progresso, invenções ou outra coisa que seja nova e progressiva.

### *Peixes: Barchiel*

Barchiel ("bênçãos de Deus" e "raio de Deus"), conhecido frequentemente como Barakiel, rege o mês de fevereiro e é responsável pelos nascidos sob o signo de Peixes. Rege o segundo céu e dizem ser um dos 18 Regentes da Terra. Ele é considerado um dos anjos mais importantes no céu, pois é cuidado por 496 mil miríades de anjos ministeriais. Barchiel é encarregado pelos raios. Além de cuidar dos piscianos, ele ajuda a reger Escorpião. Barchiel costuma ser invocado para ajudar as pessoas a buscar a boa sorte. Por causa disso, ele é um anjo popular para aqueles envolvidos em apostas e jogos de azar. Auxilia as pessoas a adquirirem uma visão positiva da vida.

## Anjos dos elementos

Diversos anjos são associados com os quatro antigos elementos: fogo, ar, água e terra. Esses anjos também estão relacionados com os quatro pontos cardeais. No Apocalipse de São João, o Divino, João escreveu: "Vi quatro anjos postados nos quatro cantos da terra, segurando os quatro ventos da terra" (Apocalipse 7:1). Você já conhece metade dos anjos dos elementos, pois são os quatro arcanjos mais famosos: Miguel, Rafael, Gabriel e Uriel.

Você pode invocar os anjos dos elementos por uma grande variedade de razões. Geralmente pode entrar em contato com Aral, Chassan, Taliahad e Phorlakh quando precisar de ajuda em alguma dessas áreas. No entanto, em caso de urgência, pode pedir auxílio para os arcanjos também.

### *Fogo*
*Direção:* Sul
*Arcanjo:* Miguel
*Anjo:* Aral

Os anjos do fogo o auxiliarão em qualquer questão relativa a entusiasmo, mudança, energia, poder, coragem, liberdade, ambição, empenho, motivação, purificação e força. Eles também podem ajudá-lo a controlar emoções e sentimentos negativos, como raiva, egoísmo, ódio, luxúria e possessividade.

### *Ar*
*Direção:* Leste
*Arcanjo:* Rafael
*Anjo:* Chassan

Os anjos do ar estão dispostos a ajudá-lo em qualquer questão relativa a clareza, discernimento, felicidade, lógica, intelecto, mente e conhecimento. Eles também podem auxiliá-lo a controlar emoções e sentimentos negativos, como ansiedade, medo, insegurança e impulsividade.

## Água
*Direção:* Oeste
*Arcanjo:* Gabriel
*Anjo:* Taliahad

Os anjos da água estão dispostos a auxiliá-lo em qualquer questão envolvendo compaixão, simpatia, compreensão, sonhos, intuição, feminilidade, sensualidade e sexualidade. Eles também podem ajudá-lo a controlar emoções e sentimentos negativos, como inveja, falsidade, ódio, rancor, traição e calúnia.

## Terra
*Direção:* Norte
*Arcanjo:* Uriel
*Anjo:* Phorlakh

Os anjos da terra estão dispostos a auxiliá-lo em qualquer questão envolvendo natureza, sobrevivência, crescimento, saúde, bem-estar, responsabilidade, solidez e praticidade. Eles também podem ajudá-lo a controlar emoções e sentimentos negativos, como preguiça, procrastinação, ganância, melancolia e teimosia.

## Anjos da prosperidade e da fartura

Todos querem ser prósperos e bem-sucedidos. Por isso, não é surpresa que inúmeras orações sejam feitas diariamente pedindo fartura em todas as áreas da vida. Existem diversos anjos cuja função é ajudar as pessoas a ter mais prosperidade na vida. Eles estão dispostos a trabalhar nos bastidores e lhes proporcionar as oportunidades necessárias para o progresso e para que elas atinjam seus objetivos. Se estiver lutando, pode ser difícil acreditar que vivemos em um mundo de fartura. Entretanto, a fecundidade da natureza mostra como esse mundo é generoso.

Lamentavelmente, muitas pessoas têm uma forte consciência de pobreza. Elas fazem isso insistindo sempre no lado negativo da vida em vez do positivo. Se sua família passou mensagens como "o dinheiro não cresce em árvore" enquanto crescia, há grandes chances de você sofrer de uma consciência de pobreza. Felizmente, os anjos da fartura estão dispostos a ajudá-lo a mudar suas atitudes e pensamentos negativos e substituí-los por sentimentos de abundância e bem-estar. A seguir, são listados alguns dos mais importantes anjos da prosperidade.

## *Seu anjo da guarda*

Seu anjo da guarda quer que você tenha sucesso e fará tudo o que puder para proporcionar fartura em todas as áreas da sua vida. Afinal, ele sofre sempre que você está estressado, sob pressão e com problemas financeiros. Embora ele queira ajudar, não pode fazer isso sem suas informações. Você precisa avisá-lo do que quer e do que está preparado para fazer a fim de consegui-lo.

Se você estabeleceu um relacionamento íntimo com seu anjo da guarda, conseguirá discutir qualquer coisa em suas conversas, inclusive prosperidade. Seu anjo da guarda é o mais bem-sucedido anjo da prosperidade.

## *Raziel*

Nós falamos sobre Raziel ("segredo de Deus") no capítulo 4, por ele ser considerado um arcanjo na Cabala. Acredita-se que seja o autor do livro de Raziel, no qual "todo conhecimento celestial e terreno está escrito". Na verdade, esse livro foi escrito por um autor medieval, possivelmente Eleazar de Worms.

Raziel é príncipe da ordem dos tronos, um membro dos querubins e dos Sarim, os anjos príncipes do céu. Quando você roga por sua ajuda, ele usa todo seu conhecimento do universo para auxiliá-lo a atingir seus objetivos.

## *Gamaliel*

Gamaliel ("recompensa de Deus") é considerado um anjo beneficente na Cabala e nas escrituras gnósticas. Seu trabalho envolve levar as bênçãos de Deus para as pessoas que as merecerem. Essas bênçãos envolvem dinheiro, alegria, felicidade e boa sorte. Gamaliel também está envolvido com carma e dá às pessoas exatamente o que merecem. Se elas fizerem boas ações, ele será generosíssimo. Por entregar recompensas com tanta frequência, ele é considerado um anjo da fartura generoso.

## *Pathiel*

Pathiel ("aquele que abre os caminhos") é invocado há milênios por aqueles que buscam mais fartura nas suas vidas. Os antigos místicos judaicos o invocavam no fim do Sabá, confiantes de que ele lhes daria o que desejassem. Pathiel é um anjo de surpresas, e pode lhe proporcionar oportunidades de prosperidade e fartura de formas incomuns. Provavelmente, ele lhe dará bênçãos inesperadas e espontâneas que o ajudarão a aumentar tanto a felicidade como a prosperidade.

## *Barchiel*

Barchiel ("bênçãos de Deus") é o anjo que rege o mês de fevereiro e o signo zodiacal de Peixes. Ele é o anjo da sorte e da prosperidade. É extremamente positivo e o ajudará a permanecer feliz, além de focado, enquanto você trabalha para melhorar suas finanças.

## *Gadiel*

Gadiel ("Deus é minha riqueza") é um dos anjos mais sagrados e reverenciados no céu. Ele está preparado para guiá-lo na direção certa e dar oportunidades para ganhar riqueza e *status* devagar, mas constantemente.

## Anjos da cura

Nada pode ser mais importante do que a cura. Na verdade, quando você considera que a cura pode ser emocional, mental e espiritual, além de física, todos precisam dela. Você pode pedir para os anjos ajudarem a curar seus bichos de estimação também. Quando você está em um processo de cura, provavelmente pedirá auxílio para seu anjo da guarda. Ele também o ajudará a curar os outros.

Sempre que possível, você deve pedir permissão antes de enviar cura para alguém. Isso pode soar estranho, mas algumas pessoas realmente gostam de estar doentes. Elas gostam de receber atenção dos outros. Outras podem usar isso como uma desculpa para ficar deitadas na cama, em vez de encarar um mundo potencialmente estressante. Obviamente, você não pode pedir permissão se a pessoa estiver inconsciente ou se não souber onde ela está.

## Rafael, arcanjo da cura

Em geral, Rafael é a primeira escolha quando alguém precisa de cura. Afinal, seu nome significa "Deus cura". Ele curou Abraão e Jacó, além de Tobit e Sara. Isso faz dele uma boa escolha sempre que você, um amigo ou um familiar estiverem sofrendo com algum tipo de dor. Rafael cura todas as formas de dor. Ele curará a dor de um relacionamento rompido, por exemplo. Também curará o relacionamento, se for isso que os dois quiserem.

## Miguel, arcanjo da força e da proteção

O Arcanjo Miguel também tem um forte interesse na cura. Acredita-se que ele tenha criado uma fonte de cura em Chairotopa, perto de Colossas. As pessoas que se banhavam na água enquanto invocavam a Santíssima Trindade e Miguel seriam curadas (GUILEY, 1996, p. 128).

Miguel também recebeu os créditos por eliminar a peste negra que dizimou Roma. São Gregório (o antigo papa Gregório) liderou a população em uma procissão de três dias pelas ruas de Roma. Quando eles chegaram ao túmulo de Adriano, Gregório teve uma visão de Miguel de pé no topo do monumento. Ele embainhava casualmente uma espada manchada de sangue. Isso mostrou a Gregório que a peste tinha acabado. Ele erigiu uma igreja no local e a dedicou a Miguel.

## Sariel

Assim como Rafael, Sariel sempre foi considerado um dos principais anjos da cura. Como Sariel era o anjo que ensinou os princípios de higiene ao rabino Ishmael, ele costuma ser invocado para ajudar a curar infecções e doenças causadas pela falta de limpeza e boa higiene.

## Seu anjo da guarda

Você deve invocar seu anjo da guarda para ajudar com qualquer doença que não seja fatal. Ele está preparado para fazer tudo o que puder para auxiliá-lo, incluindo a cura.

Seu anjo também pode ajudá-lo a curar os outros. Enquanto se comunica com ele, você pode pedir para que entre em contato com o anjo da guarda da outra pessoa e expresse seu desejo de que ela recupere sua saúde.

## Maria, a Rainha dos Anjos

Maria, mãe de Jesus, é venerada pelos membros da Igreja Católica que acreditam que ela dará conforto e cura àqueles que pedirem ajuda. Uma de suas mais famosas aparições aconteceu perto de Lourdes, no sudoeste da França, em 1858. Entre 11 de fevereiro e 16 de julho, uma garota de 14 anos chamada Bernadette Soubirous viu a Virgem Maria 15 vezes em uma gruta ao lado de um riacho perto da cidade. Vinte mil pessoas foram testemunhar sua última visitação. Em 1862, a Igreja Católica decidiu que os acontecimentos foram reais e, com isso, o culto à Nossa Senhora de Lourdes prosseguiu. Hoje em dia, mais de 3 milhões de peregrinos visitam o local todo ano. A Virgem Maria fez pelo menos outras quatro aparições, acompanhada por outros anjos. Elas ocorreram em Guadalupe, México, em 1531; Paris, França, em 1830; Knock, Irlanda, em 1879; e Fátima, Portugal, em 1917.

Você não precisa ser católico para invocar Maria, a Rainha dos Anjos. Só precisa fazer uma oração simples e sincera.

## Anjos da cura de Hodson

Quando eu era adolescente, tive a felicidade de assistir a muitas palestras de Geoffrey Hodson (1886-1983), um famoso autor, místico e teósofo. Ele escreveu muitos livros, incluindo vários sobre anjos. Esses livros se baseavam em conversas que teve com um anjo chamado Bethelda, que o visitou em 1924 enquanto ele e sua esposa descansavam em uma colina contemplando uma floresta de faia em Gloucestershire, Inglaterra.

Bethelda contou que todos os anjos se dividiam em sete categorias:

1. *Anjos do Poder:* estes anjos ajudam as pessoas a se desenvolverem espiritualmente.
2. *Anjos da Cura:* os anjos deste grupo ajudam as pessoas a manter uma boa saúde e a se recuperarem quando ficam doentes.
3. *Anjos da Guarda do Lar:* estes anjos protegem todos os lares.
4. *Anjos do Desenvolvimento:* os anjos deste grupo nos motivam e nos inspiram a conseguir tudo o que pudermos nas áreas da mente, do corpo e do espírito.

5. *Anjos da Natureza:* os anjos deste grupo são *devas*, ou espíritos elementares, que vivem no fogo, na terra, no ar e na água.
6. *Anjos da Música:* estes anjos cantam louvores a Deus e inspiram as pessoas a cantar e a cultuar o Senhor.
7. *Anjos da Arte e da Beleza:* estes anjos inspiram as pessoas envolvidas em qualquer forma de criatividade e ajudam-nas a reconhecerem e apreciarem a beleza em todas as suas formas.

Os anjos da cura podem ser invocados sempre que se precisar de qualquer tipo de restabelecimento. Eles trabalham sob a orientação do Arcanjo Rafael e fornecem cura e conforto a quem não se sente bem. Também transmitem amor e consolo a quem perdeu um ente querido. Bethelda contou a Geoffrey Hodson que os anjos da cura lutam para ajudar a humanidade, pois as mentes e os corações fechados das pessoas dificultam sua cura.

## Anjos enoquianos

O dr. John Dee e seu vidente, Edward Kelley, registraram um grande número de comunicações do reino angélico entre 1581 e 1587. A maior parte dessa informação foi comunicada na língua enoquiana, e os anjos são conhecidos como anjos enoquianos. A maioria das mensagens veio do Grande Anjo Ave. No entanto, houve muitas outras, incluindo um anjo em forma de mulher chamado I AM, que não se comunicava diretamente com o dr. Dee, mas enviava mensagens por seus filhos. Um deles era um anjo chamado Madimi, que aparecia como uma garotinha de cabelos dourados. As mensagens de Madimi cativaram o dr. Dee, e uma de suas filhas recebeu o nome dela.

O sistema enoquiano tem anjos das quatro direções, que são simbolizadas como torres de vigia. Cada torre é governada por seis Anciãos, e abaixo deles há uma enorme hierarquia de arcanjos e anjos. O sistema enoquiano é bem intrincado e complexo. Hoje em dia, 400 anos depois de o dr. Dee e Edward Kelley registrarem a informação, ainda mais pessoas estão estudando os anjos enoquianos.

# Capítulo 6

# Comunicação com os Anjos

Muitas pessoas sentem os anjos inesperadamente, em geral em ocasiões de grande estresse. Há vários anos, conheci uma mulher que me disse que ela e sua filha foram salvas por um anjo. Doreen tinha acabado de ir para a cama quando sua filha adolescente ligou e pediu para ela ir buscá-la. Começou uma briga na festa à qual ela e uma amiga tinham ido e as garotas estavam assustadas. A festa ficava a vários quilômetros de distância, e era uma noite fria e úmida. Doreen entrou em seu carro e dirigiu o mais rápido que pôde para buscar as duas garotas apavoradas. No meio do caminho, as luzes do semáforo mudaram. Ela pisou no freio, o carro derrapou para o lado e bateu em um poste. Não havia ninguém por perto. Depois de respirar fundo e devagar algumas vezes, Doreen saiu do veículo para ver o que tinha acontecido com o carro e o poste. O poste estava inteiro, mas a porta do passageiro e o capô do automóvel pareciam bem danificados. Doreen entrou no carro e tentou ligá-lo, mas nada aconteceu. Na pressa, Doreen tinha se esquecido de pegar seu celular. Ela percebeu que estava totalmente sozinha em uma noite horrível e poderia estar acontecendo qualquer coisa com sua filha. Ao perceber toda a extensão de seu apuro, começou a chorar. De repente, ouviu duas leves batidas na janela. Virou-se e viu um homem sorridente acenar para ela. Ele segurava uma lanterna. Instintivamente, ela sentiu que poderia confiar nele. "Você vai precisar de alguns reparos no seu carro", disse o homem. "Mas eu posso fazê-lo pegar de novo. Posso tentar?"

Doreen secou uma lágrima e concordou, acenando com a cabeça. O homem levantou o capô e passou alguns minutos examinando o motor. Ele fez alguns ajustes e pediu para Doreen tentar ligar o automóvel de novo. Para sua surpresa, o carro pegou. Ela se virou para agradecer o homem, mas ele tinha desaparecido. Ela saiu do carro, mas não havia sinais nem dele nem de sua lanterna. Continuou seu trajeto, encontrou as duas garotas assustadas e as levou para casa. No dia seguinte, ela levou o veículo para o mecânico, que achou difícil de acreditar que Doreen tinha conseguido dirigi-lo, de tão danificado que estava.

Doreen acredita que o estranho misterioso que apareceu para ajudá-la foi um anjo. Até aquele momento, ela nem pensava muito em anjos, mas a experiência mudou sua vida. "Como não acreditar?", ela me disse. "Eu estava em uma situação terrível, e ele me salvou."

Felizmente, a maioria das pessoas não precisa estar em uma situação difícil para entrar em contato com os anjos. Há muitas formas de se comunicar com eles. Como todas as pessoas são distintas, alguns métodos funcionam melhor para algumas do que para outras. Você deve experimentar o máximo de métodos diferentes e ver quais funcionam melhor para si. Os anjos ficarão contentes em saber que você está tentando entrar em contato com eles e estarão preparados para responder.

## Como adquirir a percepção dos anjos

O modo mais fácil de ter a percepção do reino angélico é se soltar e relaxar o máximo possível, invocar os anjos e esperar por uma resposta.

Encontre um lugar silencioso onde você não seja perturbado. Eu prefiro fazer este exercício em um ambiente fechado, para evitar qualquer distração. Diga a todos na casa que você não quer ser perturbado por cerca de 30 minutos. Desligue seu telefone e feche as cortinas. Você precisa ficar o mais confortável possível. Deixe o cômodo aquecido e use roupas largas. Eu gosto de sentar em uma poltrona, mas às vezes deito no chão. Prefiro não deitar em uma cama, pois adormeço muito fácil.

Assim que estiver pronto, feche os olhos e respire fundo e devagar dez vezes. Segure cada inspiração por alguns segundos e expire vagarosamente. Eu costumo dizer para mim mesmo: "Relaxe, relaxe, relaxe", enquanto expiro.

Feito isso, faça um relaxamento consciente em cada parte de seu corpo, começando pelos dedos dos pés e subindo até o topo da cabeça. Há mais detalhes desse processo no capítulo 3. Outro método que uso para relaxar completamente é descrito a seguir.

Fique em uma posição confortável, feche os olhos e imagine-se em um penhasco olhando para uma praia e o oceano. Você pode se lembrar de uma ocasião em que realmente fez isso ou criar uma imagem na sua mente. Imagine o cheiro e o toque da água respingando, o som das gaivotas voando, a brisa suave no seu rosto e qualquer outra coisa que você se lembre ou visualize. Algumas pessoas conseguem visualizar tudo como um quadro na sua mente. Outras percebem, ouvem os sons ou sentem os cheiros. Não importa como você "vê".

Quando a cena estiver clara na sua mente, imagine uma escada levando à praia. A minha escada tem dez degraus, mas a sua pode ter quantos você quiser. Coloque sua mão no corrimão e desça um degrau. Mentalize "dez" enquanto faz isso. Visualize-se multiplicando seu relaxamento enquanto diz "dez". Repita e faça uma contagem regressiva com todos os degraus até você pisar na areia. Você deve se sentir totalmente relaxado depois de fazer isso, mas, para garantir, visualize ímãs gigantes debaixo da areia que puxam cada último vestígio de estresse ou tensão no seu corpo. Deite na areia sentindo-se totalmente relaxado e satisfeito.

Nesse estado calmo, tranquilo e agradável, pense no seu desejo de contatar os reinos angélicos. Se quiser falar com um anjo específico, pense nele agora. Se não tiver um anjo em particular na mente, pense no seu anjo da guarda. Agradeça a seu anjo da guarda (ou aquele com quem quiser se comunicar) por cuidar de você e por seu aconselhamento e apoio. Diga-lhe que você quer manter um contato regular e pergunte se isso é possível. Pause, curta o relaxamento agradável em cada célula de seu corpo e aguarde.

Receber uma resposta na primeira vez em que você faz esse exercício é pouco provável, mas pode acontecer. Conheço várias pessoas que fizeram contato na primeira tentativa. Se tiver sorte de ser uma dessas pessoas, manifeste seu amor e agradeça ao seu anjo da guarda ou àquele com quem quiser se comunicar. Depois disso, você pode pedir ajuda ou conselhos.

Não precisa se chatear se não fizer contato na primeira ou até na décima tentativa. Você conseguiu viver bem neste planeta por toda a sua vida sem nem tentar entrar em contato. O anjo com quem você está tentando se comunicar pode estar simplesmente testando sua persistência e determinação. Quando demonstrar sua autenticidade e sinceridade, ele responderá ao seu pedido.

A resposta pode não vir como você espera. Você pode ouvir uma vozinha suave dentro da cabeça. Dá para reconhecer isso na hora, e é bem diferente daquele ruído constante dentro da nossa cabeça. A voz do anjo será mais potente e vibrante, e transmitirá conhecimento e informações que você não saberia de outra maneira.

A resposta pode vir na forma de um sonho. Como os sonhos desaparecem rápido, pode ser bom ter um diário dos sonhos ao lado da cama para registrar tudo que você puder se lembrar sobre o sonho assim que acordar. Nem sempre é fácil determinar se seu sonho veio do anjo com quem você está tentando se comunicar ou do seu subconsciente. No entanto, com tempo e experiência, perceberá que as informações e mensagens de seu anjo são de uma melhor qualidade do que seus pensamentos usuais.

Você pode receber uma resposta de uma forma completamente diferente. Penas brancas são um bom exemplo disso. O interessante sobre elas é que, assim que receber uma, você as perceberá cada vez mais, até finalmente responder a elas. Esse é o caso principalmente se você souber que os anjos o estão encorajando a fazer algo que sabe que deve fazer, mas não quer. Eu passei por isso em mais de uma ocasião.

Uma conhecida me disse que um aroma delicioso anuncia para ela que o contato foi feito. Embora tenha tentado, ela nunca conseguiu encontrar esse perfume em nenhum lugar ou ocasião. Você pode começar a encontrar moedas ou outros objetos pequenos que o alertam de uma presença angélica. Algumas pessoas ouvem sons estranhos, como alguém assoviando, o que lhes diz que logo terão a companhia de anjos.

Uma forma de comunicação relativamente constante ocorre quando um problema ou dificuldade é resolvido de repente. Em geral, isso significa que o anjo resolveu o problema para a satisfação de todos.

Depois de fazer contato com seu anjo, você deve manter as linhas de comunicação abertas. A princípio, é melhor fazer isso com sessões de relaxamento regulares. No entanto, quando você tiver se acostumado com isso, verá que pode usar alguns minutos livres durante seu dia para se comunicar com seu anjo. Você pode ter uma conversa agradável com ele enquanto toma banho, viaja de ônibus ou trem, está preso no congestionamento, esperando em uma fila ou caminhando. Antes de dormir pode ser uma boa hora de fazer isso também, visto que a comunicação pode se estender para seus sonhos. Qualquer tempo livre pode ser bem aproveitado fazendo isso. Com a prática, o ruído externo não o incomodará. Tive conversas com anjos no meio de aeroportos lotados logo depois de um voo ser cancelado. Uma vez estabelecida uma boa conexão, você pode entrar em contato com os reinos angélicos sempre que quiser.

## Escreva uma carta

Escrever uma carta para um anjo específico é uma ótima forma de entrar em contato. Você precisa pensar e ter tempo para escrever uma boa carta, e isso o força a pensar bem na sua preocupação antes de colocar no papel. A concentração envolvida no processo significa muitas vezes que o contato angélico é feito antes de terminar de escrever.

Eu gosto de usar papel de boa qualidade e uma caneta-tinteiro. Isso me ajuda a começar a escrever em um estado de espírito diferente do que se eu escrevesse um bilhete às pressas em um pedaço de papel.

Você precisa levar a carta a sério, mas isso não significa que deva escrever de um modo rígido e formal. Você não faria isso se estivesse escrevendo para um grande amigo, e o mesmo se aplica aqui. Escreva de modo casual, familiar e amigável para conseguir os melhores resultados.

Obviamente, você escreverá a carta por um propósito específico, e isso precisa ser explicado nos mínimos detalhes. Você pode escrever para pedir ajuda para si ou para alguém próximo. Ao anotar seus problemas e preocupações, você os estará colocando na perspectiva certa. É claro que a carta pode não estar relacionada a um problema ou dificuldade. Ela pode ser apenas para pedir ao anjo por uma ligação mais próxima.

Além disso, você deve contar ao anjo o que acontece na sua vida. Escreva tanto sobre as coisas boas como sobre as ruins. Fale sobre sua família e o que eles fazem. Conte suas esperanças e sonhos. Ao registrá-los, você os esclarece na sua mente, e isso os transforma em objetivos que você pode tentar atingir.

Você ficará maravilhado com o que produz enquanto se senta para escrever uma carta para um grande amigo: o seu anjo. A maioria das cartas desse tipo será escrita para seu anjo da guarda, e você pode usá-las como oportunidades para atualizá-lo sobre o que acontece na sua vida. Se estiver escrevendo para um anjo específico por um propósito determinado, deve começar se apresentando e contando ao anjo alguma coisa sobre você e sua vida antes de começar a pedir ajuda.

No fim da carta, você precisa agradecer ao anjo por lê-la e manifestar sua esperança de que ele o ajude. Por fim, expresse seu amor e assine a carta. Coloque-a em um envelope e escreva na frente "Para Meu Anjo da Guarda" (ou qualquer outro anjo a quem estiver escrevendo).

Depois de escrever a carta, é necessário enviá-la para o anjo em questão. Você precisará de vários minutos de paz e tranquilidade para fazer isso. Sente-se na frente de uma vela acesa. Coloque o dorso da mão direita na palma da mão esquerda com o polegar esquerdo em cima da palma direita. (Se for canhoto, faça o contrário.) Sua carta deve estar na sua palma direita, segurada pelo polegar esquerdo.

Observe a chama da vela e pense no anjo a quem endereçou a carta. Se for seu anjo da guarda, pode pensar em tudo o que ele faz por você e agradecer. Se for um anjo com quem estiver entrando em contato por um propósito específico, pense no que você sabe sobre ele e nos seus motivos para contatá-lo. Agradeça a esse anjo por examinar a sua preocupação. Demore o quanto precisar nessa parte do processo. Você pode sentir a presença do anjo. Se isso ocorrer, pode entrar em uma comunicação silenciosa com ele na mesma hora. É mais provável que você sinta amor e proteção o envolverem.

Quando parecer a hora certa, queime o envelope na chama da vela e observe a fumaça levando sua mensagem para o anjo. Diga um último "obrigado" enquanto a fumaça sobe. Depois que a carta tiver desaparecido completamente, levante-se e continue com seu dia, confiante de que a carta foi entregue.

Você deve sempre tomar muito cuidado quando usar velas. Sempre que possível, eu as deixo em castiçais de metal, com uma jarra de água à mão, no caso de um acidente. Eu nunca tive nenhum problema, mas é melhor prevenir.

## Diário dos anjos

Eu gosto de escrever em meu diário dos anjos e tenho certeza de que você achará isso útil, talvez até viciante, se começar o seu. Você adquirirá uma compreensão angélica enquanto escreve nele e, quando reler as primeiras páginas, descobrirá muitas boas ideias que ignorou antes. O diário também se tornará um registro do seu crescimento e desenvolvimento espiritual. Por ser um diário particular especial, você pode registrar nele coisas que nunca sonharia contar para ninguém. De fato, nunca mostrei meus diários dos anjos para nenhuma pessoa.

Você pode escrever tudo o que quiser em seu diário. Pode escrever para anjos específicos de dias determinados. Se estiver escrevendo algo em uma segunda-feira, por exemplo, você pode escrever uma mensagem para o Arcanjo Miguel, que cuida desse dia da semana. Se por um acaso estiver escrevendo quando o Sol estiver no signo de Leão, você pode escrever para Verchiel, que cuida das pessoas nascidas sob esse signo. Você não precisa ser um leonino para fazer isso. Também pode decidir escrever para os anjos dos elementos, os anjos da semana ou aqueles que se relacionam a preocupações e problemas específicos. Você não precisa esperar um dia especial para conversar com um anjo. Se tiver uma reunião importante na quinta-feira, por exemplo, pode escrever uma mensagem aos anjos que cuidam desse dia (Sachiel, Zadkiel e Zacariel) alguns dias antes, pedindo ajuda e orientação para essa reunião. Se não tiver nada específico para escrever, pode escrever uma mensagem ao anjo do dia agradecendo-lhe por protegê-lo e orientá-lo. Claro que você não precisa escrever se não tiver nada a dizer. Eu sempre escrevo alguma coisa, mesmo que seja um simples agradecimento ao anjo do dia.

Você não precisa se censurar ou se policiar de qualquer forma enquanto escreve em seu diário. Se estiver chateado ou preocupado com alguma coisa, coloque seus sentimentos no papel. Depois de tirar suas preocupações do caminho, pode começar a escrever uma mensagem para um anjo.

Você provavelmente achará mais fácil escrever em seu diário em alguns dias do que em outros. Às vezes, escrevo por mais de uma hora e me questiono como o tempo voou. Eu adoro essas ocasiões, pois quando releio o que escrevi, vejo que a mensagem foi escrita através de mim, não por mim. Isso significa que um anjo assumiu o controle da minha caneta e me escreveu uma mensagem.

Você pode escrever seu diário onde quiser. O meu primeiro diário foi em um caderno escolar. Desde então, uso lindos cadernos de capa dura que podem ser comprados em papelarias ou na internet.

Escrevo em meu diário com uma caneta esferográfica preta. Usei uma no meu primeiro diário e, desde então, continuo usando a mesma. Pode parecer estranho eu escrever cartas para os anjos com uma caneta-tinteiro e usar uma caneta esferográfica no meu diário. Não consigo explicar isso, só que virou um hábito, e cada uma dessas canetas parece certa para sua função específica. Aliás, não utilizo essas canetas para mais nada que não seja me comunicar com os anjos.

## Meditação com velas

Essa é uma boa forma de entrar em contato com os anjos. Você pode fazer isso sempre que quiser. Gosto de fazer isso à noite, com a vela como a única fonte de luz. Você pode usar qualquer vela que desejar, mas deve gostar dela; as velas devem parecer apropriadas à ocasião. Eu não usaria uma vela no formato de um personagem de desenho, por exemplo. Adoro velas e tenho uma grande coleção de diversas cores para escolher. Às vezes, escolho uma vela selecionando uma que parece certa, enquanto em outras ocasiões escolho com base na cor. Cada cor tem uma variedade de associações ligadas a ela:

**Vermelho:** proporciona confiança, vitalidade, entusiasmo e paixão.

**Laranja:** proporciona motivação e também elimina medos, dúvidas e preocupações.

**Amarelo:** estimula a mente e favorece uma comunicação honesta.

**Verde:** proporciona estabilidade, satisfação e harmonia. Também alivia o estresse e a raiva.

**Azul:** promove lealdade e seriedade e favorece a tomada de decisões. Impede a indecisão.

**Azul índigo:** proporciona fé e ajuda a resolver problemas familiares.

**Violeta:** proporciona paz interior e nutre a alma.

**Branco:** promove paz, estabilidade, relacionamentos íntimos e reverência.

**Rosa:** ajuda a superar problemas emocionais e a dar e receber amor.

**Cinza:** promove modéstia, confiabilidade e viabilidade.

**Prateado:** proporciona confiança, calma e uma boa autoestima.

**Dourado:** elimina pensamentos negativos sobre dinheiro e o sucesso mundano e proporciona motivação.

As velas brancas podem ser usadas para qualquer propósito. Por isso, sempre que se sentir inseguro sobre qual cor usar, escolha uma branca.

Você precisará de uma vela, uma mesa e uma cadeira reta para a meditação. Coloque uma vela acesa na mesa a cerca de dois metros de onde você ficará sentado. Quando se sentar, a chama da vela deve ficar na altura da sua testa e do terceiro olho.

Sente-se, respire fundo e devagar algumas vezes enquanto observa a chama. Pisque quando necessário, mas resista à tentação de fechar os olhos. Você verá que isso ocorre muito, tamanho o relaxamento do processo. Continue olhando para a chama e pense no seu desejo de entrar em contato com um anjo específico. Alguns minutos depois, você pode sentir uma presença angélica ao seu redor. Pode ser uma sensação de calma, calor e total tranquilidade. Se tiver muita sorte, pode até vislumbrar seu anjo pelo canto do olho.

Assim que você sentir que entrou em contato com um anjo, comece a conversar com ele em silêncio ou em voz alta. Eu prefiro falar em voz alta, mas isso nem sempre é possível quando outras pessoas podem nos ouvir.

## Círculo de alegria

O círculo de alegria é parecido com um círculo mágico. É um espaço sagrado e peculiar dentro do qual você pode fazer algum trabalho espiritual. Você pode criar um círculo desses em qualquer lugar onde houver espaço o suficiente. Nos meses do verão, eu crio um círculo de alegria ao ar livre, e trabalho dentro de casa no restante do ano.

O círculo pode ser um círculo real criado por um pedaço de corda, desenhado com um pedaço de giz ou marcado com pequenos objetos, como cristais, pedras, ornamentos ou velas. Eu acho que é melhor começar com um círculo físico, mas, com a prática, você conseguirá visualizar um círculo de vários centímetros de diâmetro o cercando e trabalhar dentro dele. Quando trabalho dentro de casa, costumo usar um grande tapete circular para definir o círculo de alegria. Às vezes eu o visualizo, mas na maior parte das vezes eu o crio usando cristais.

Depois de criar o círculo, você precisa transformá-lo em um espaço sagrado. Coloque uma cadeira confortável no centro dele. Caminhe ao redor do círculo três ou quatro vezes e sente-se na cadeira. Sinta-se confortável, feche os olhos e respire fundo e devagar algumas vezes. Imagine uma bela luz branca descer do céu e encher seu círculo de amor e proteção. Você sempre se sentirá seguro e protegido quando estiver dentro do seu círculo e receberá muito amor divino. Depois de criar seu primeiro círculo de alegria, verá que pode criar um rápido e com facilidade, não importa onde esteja.

Você pode usar esse círculo para relaxar, meditar, pensar no que acontece na sua vida e conversar com os anjos.

Quando estiver pronto, convide o anjo com quem quiser se comunicar para se juntar a você no círculo. Sente-se em silêncio e foque na sua respiração até sentir que o anjo chegou. Se você já se comunicou com ele, saberá na hora quando ele chegar, pois sentirá uma alteração na energia dentro do círculo. Se quiser conversar com um anjo com quem nunca se encontrou antes, tenha paciência e espere até receber um sinal de que ele está lá. Você pode sentir um leve toque no braço ou no ombro ou uma mudança na temperatura do ambiente. Pode até ouvir um som suave. Pode ser apenas uma sensação de que ele está com você. Seja o que for, saiba que vem do anjo com o qual você quer se comunicar.

Cumprimente seu anjo e lhe agradeça por responder ao seu pedido. Depois de fazer isso e de se sentir relaxado na companhia dele, você pode abordar qualquer coisa que quiser saber. Terminada a conversa, agradeça ao anjo sinceramente e sente-se em silêncio no seu círculo por mais um ou dois minutos. Quando estiver pronto, abra os olhos, levante-se, alongue-se e deixe o círculo.

Gosto de manter o círculo no lugar por uns minutos antes de retirar tudo. Às vezes isso não é possível, pois preciso desmontar tudo na hora. Se você preparar seu círculo sempre no mesmo lugar, verá que a área ganhará mais energia espiritual a cada vez que você o criar.

## Círculo de proteção

O círculo de proteção usa o círculo mágico de alegria junto aos quatro grandes arcanjos – Rafael, Miguel, Gabriel e Uriel – para criar um poderoso ritual de proteção. Você deve dominar o círculo de alegria antes de experimentar o círculo de proteção.

Crie o círculo como está acostumado. Caminhe ao redor dele três ou quatro vezes, mas não entre ainda. Em vez disso, tome um banho para se purificar simbolicamente. Vista roupas limpas e largas e só então entre no centro do círculo. De frente para o Leste, feche os olhos e visualize um jato de luz branca vindo do céu e preenchendo seu círculo com amor divino e proteção. Espere até você sentir que seu círculo está completamente preenchido por essa luz e diga "obrigado" em voz alta.

Abra os olhos e visualize o grande Arcanjo Rafael de pé na sua frente. Você pode vê-lo da maneira como ele costuma aparecer nos quadros: como uma figura barbada, vestindo um manto e segurando um cajado e um peixe. É mais provável que você o veja como uma bola de energia ou um arco-íris. Não se preocupe com a forma com que verá ou sentirá Rafael, desde que você saiba que ele está na sua frente. Quando começar a trabalhar com esse ritual, pode ter de imaginar que ele está lá. Assim que sentir a presença dele, estenda sua mão direita com o indicador e o dedo médio esticados, como se apontasse diretamente para Rafael. Começando de baixo do lado esquerdo, desenhe um pentagrama imaginário (uma estrela de cinco pontas) no ar na sua frente. Depois de fazer isso, recolha sua mão alguns centímetros e, então, faça um movimento de punhalada no centro de seu pentagrama.

Mantenha a mão direita estendida enquanto você vira 90 graus para o Sul. Visualize o grande Arcanjo Miguel de pé na sua frente. Você pode vê-lo como uma figura barbada segurando uma balança. Ele pode estar de armadura, com um pé em cima de um dragão derrotado, ou aparecer como espirais de cor. Não importa como você o visualiza, desde que saiba que ele está na sua frente. Faça o sinal do pentagrama de novo e termine com o movimento de punhalada no centro dele.

Vire 90 graus novamente para Oeste. Dessa vez, visualize o Arcanjo Gabriel. Depois de fazer isso, desenhe outro pentagrama e faça um movimento de punhalada nele. Por fim, vire mais 90 graus e visualize o Arcanjo Uriel no Norte. Depois de visualizá-lo completamente, crie um último pentagrama, faça o movimento de punhalada nele e vire-se para o Leste mais uma vez.

Isso significa que agora você está totalmente cercado pelos quatro grandes arcanjos e completamente protegido. Você pode fazer o que quiser dentro de seu círculo. Converse com os arcanjos e lhes agradeça por sua ajuda e proteção. Você pode invocar o anjo que quiser para se comunicar e ter uma conversa agradável com ele. Pode rezar ou apenas meditar dentro de seu espaço sagrado especial.

Quando se sentir preparado para fechar seu círculo, vire-se para o Leste e agradeça a Rafael por sua ajuda e proteção. Vire-se para o Sul e agradeça a Miguel. Faça o mesmo com Gabriel e Uriel. Quando estiver pronto, saia do círculo.

Eu gosto de ter algo para comer e beber antes de continuar meu dia. Você verá que esse ritual lhe dará uma energia ilimitada e uma sensação de paz e proteção.

## Ritual da Lua

As pessoas são fascinadas pelas estrelas e pelos planetas há milênios. Esse fascínio ainda existe. Inúmeras pessoas assistem a eclipses solares, às aproximações de cometas e a qualquer outra coisa que seja um pouco incomum no céu noturno. A Lua, particularmente, é uma fonte infinita de interesse ao crescer e minguar. Não é uma surpresa os magos usarem isso ao realizar sua magia. Feitiços para criar fartura ou fazer algo crescer são realizados no quarto crescente. Da mesma forma, feitiços preparados para eliminar algo ou remover a negatividade são realizados no quarto minguante.

Ao contrário do Sol, a Lua só pode ser vista pela luz refletida, em vez de por sua própria luz. Por isso, ela está associada com as emoções, os sentimentos e as intuições; enfim, qualquer coisa que possa ser mantida oculta e em segredo. Como a Lua estimula, está relacionada a mães, professores e outros cuidadores. Ela propicia uma cura interna que pode liberar a negatividade e outros problemas difíceis de resolver.

Por causa disso, a Lua pode ser extremamente útil quando você precisa se consultar com um anjo específico. Este ritual deve ser realizado à noite, quando a Lua estiver visível ou quando você estiver segurando algo relativo a ela. Como o metal da Lua é prateado, qualquer coisa prateada pode ser associada com ela. Ela também é representada pelas pedras brancas, como pedras da lua, opalas, berilo transparente e branco e diamantes. Da mesma forma está conectada a pedras que venham do oceano, como pérolas e coral, ou que tenham a cor do mar, como água-marinha, que é a variedade azul do berilo.

Os aromas relativos à Lua são lavanda e sálvia, e eles também podem ser usados no ritual, se quiser.

Por fim, a segunda-feira é o dia da Lua e o melhor dia para realizar este ritual.

Antes de qualquer coisa, pense na sua necessidade de entrar em contato com um anjo específico. Se a necessidade envolve atrair algo para você, qualquer forma de crescimento ou questões relativas a cura e fertilidade, você deve realizar o ritual no quarto crescente. Se sua necessidade envolve cortar laços, finalizar ou eliminar algo da sua vida, realize este ritual no quarto minguante. Embora este ritual às vezes envolva eliminar algo da sua vida, você não pode pedir para o anjo nada desleal ou que possa machucar alguém. Lembre-se: você também não pode cortar completamente os laços com um familiar. Há motivos cármicos para isso.

Comece criando um círculo mágico em algum lugar iluminado pela luz da Lua. Coloque uma cadeira no centro, virada para a Lua. (Se ela não estiver visível, sente-se em um lugar fechado e segure uma pedra ou algo feito de prata.) Olhe para a Lua e respire fundo e devagar várias vezes para relaxar seu corpo e sua mente. Quando estiver bem relaxado, feche os olhos e pense que você precisa entrar em contato com um anjo específico. Neste estágio, pode realizar o círculo de proteção e cercar-se dos quatro grandes arcanjos. Ou então invocar Gabriel para proteção. Ele é o arcanjo relativo à Lua.

Assim que se sentir seguro e protegido e notar a presença de Gabriel, faça uma breve oração que explique sua necessidade. Invoque o anjo que quiser e peça que ele venha até você. Você pode ter uma leve sensação, como uma brisa suave, um leve toque ou um rastro de perfume. Tenha paciência. Pode demorar vários minutos para seu anjo aparecer. Quando ele surgir, agradeça-lhe por vir em seu auxílio e diga-lhe tudo que puder relativo ao seu problema. Por fim, peça ajuda para resolvê-lo. Espere por sua resposta. Não importa qual seja a resposta, agradeça ao anjo por vir em seu auxílio, pergunte se pode invocá-lo de novo e se despeça. Concentre-se na sua respiração por cerca de 30 segundos e então agradeça a Gabriel (e aos outros arcanjos se estiver fazendo isso dentro do círculo de proteção). Por fim, olhe para a Lua e lhe agradeça por ajudá-lo também.

Saia do círculo, coma e beba algo. Eu costumo comer algumas castanhas e passas e beber um copo com água.

## Comunicação com um pêndulo

Um pêndulo é um pequeno objeto pesado amarrado a um fio ou corrente. Os pêndulos têm uma grande variedade de formatos e tamanhos, e são fáceis de comprar em lojas de artigos esotéricos e pela internet. Você pode até fazer o seu amarrando uma chave, um anel ou um pedaço de cristal em um fio de vários centímetros. O objeto precisa ser pesado o suficiente para manter o fio esticado quando o segurar. Pode ter cerca de 80 gramas. Tenho um pequeno pingente de pedra verde que um amigo fez para mim. Eu o uso no pescoço como um amuleto de proteção e como um pêndulo sempre que estou fora e não tenho um pêndulo normal comigo.

Comece segurando o pêndulo perto da ponta do fio, com o peso suspenso de dois a quatro centímetros acima da superfície de uma mesa. Segure com a mão direita, se for destro, ou com a esquerda, se for canhoto. Apoie o cotovelo dessa mão na mesa e segure o fio entre o polegar e o indicador. Comece balançando o pêndulo devagar de um lado para o outro. Em seguida, balance em direções diferentes e também o gire nos sentidos horário e anti-horário. Tente segurar o fio ou a corrente em lugares distintos para encurtar ou alongar o comprimento.

Uma vez familiarizado com os diferentes movimentos do pêndulo, pare-o com a mão livre. Pergunte para ele: "Qual movimento indica 'sim'?" Você pode mentalizar a pergunta ou fazê-la em voz alta. Mantenha a mão que segura o pêndulo o mais firme possível e espere por uma resposta. Se você nunca usou um pêndulo antes, pode demorar alguns minutos para ele se movimentar. Deixe-o se mexer até indicar uma direção específica. Ele pode balançar para trás e para a frente, aproximando-se e afastando-se de você. Ele pode se mexer de um lado ao outro ou em círculos, no sentido horário ou no anti-horário. Os movimentos dificilmente serão grandes na primeira tentativa, mas você os verá ficando mais fortes com a prática.

Depois de determinar qual movimento indica "sim", peça para ele indicar a direção do "não". Faça o mesmo com "não sei" e "não quero responder". Anote os movimentos diferentes. É bom fazer essas quatro perguntas de vez em quando, principalmente se você não usa o pêndulo há muito tempo. Não acontece tanto, mas às vezes os movimentos podem mudar.

Agora você pode fazer ao pêndulo as perguntas que quiser, desde que elas possam ser respondidas pelas quatro respostas possíveis. Comece fazendo questionamentos que você pode confirmar depois ou cuja resposta já saiba. Você pode, por exemplo, perguntar: "Meu nome é (fulano)?" Se você deu seu nome correto, deve receber uma resposta positiva. Ou então pode perguntar: "Sou homem?" Se você for, o pêndulo dará uma resposta positiva. Se não for, a resposta será negativa. A seguir, pode fazer perguntas sobre seu trabalho, estado civil, número de filhos, entre outras. Essas questões iniciais servem para você se familiarizar e ficar confortável com os movimentos do pêndulo.

No entanto, você não deve fazer perguntas com as quais esteja envolvido emocionalmente. Por exemplo, se já tiver três filhos e estiver grávida esperando por uma filha, provavelmente perguntaria: "Vou ter uma menina?" Nesse caso, o pêndulo lhe dará a resposta que quer ouvir, porque sua mente pode dominar os movimentos dele. Nessa situação, deve pedir para alguém sem envolvimento emocional com a resposta perguntar ao pêndulo para você.

Você achará o pêndulo muito útil no cotidiano. Se perder suas chaves do carro, por exemplo, pode usar seu pêndulo para encontrá-las. Comece perguntando se as chaves estão dentro de casa. Se o pêndulo responder "sim", pergunte se as chaves estão, digamos, na sala, e continue a fazer isso até ele dizer "sim" de novo. Se necessário, você pode perguntar ao pêndulo sobre partes diferentes do cômodo até localizar suas chaves.

Você também pode usar seu pêndulo para se comunicar com os reinos angélicos. Eu tenho um lindo pêndulo de cristal que uso apenas para comunicação angélica. Isso porque os anjos respondem bem ao cristal, e não me parece apropriado usar o mesmo pêndulo para assuntos mundanos e para me comunicar com os anjos. Qualquer cristal funciona bem para isso. O meu favorito é a selenita, um cristal branco transparente. É um cristal protetor com uma associação especial com Gabriel. Eu também tenho alguns pêndulos com cristais de celestita como peso. A celestita ajuda a receber mensagens angélicas como pensamentos. Tenho, igualmente, vários pêndulos feitos de quartzo rutilado, também conhecido como "cabelo de anjo", pois ele se parece como se madeixas estivessem presas dentro dele. O quartzo amplifica suas comunicações angélicas, facilitando o envio e a recepção das mensagens.

Se quiser, você pode pedir ajuda aos anjos sempre que estiver fazendo perguntas com um cristal. Só precisa perguntar: "Eu tenho a bênção dos anjos nas perguntas que estou prestes a fazer?" Se receber uma resposta positiva, você pode prosseguir sabendo que os anjos o cercam e lhe darão ajuda e apoio.

Na maior parte do tempo, você receberá uma resposta positiva quando pedir ajuda aos anjos. Porém, ocasionalmente, receberá uma resposta negativa a essa pergunta. Quando isso acontecer, você precisa analisar bem os questionamentos que ia fazer, para ter a certeza de que eles são benéficos a todos os envolvidos. Outra possibilidade é que os anjos acham que você conseguirá descobrir a resposta sozinho, sem a necessidade de um pêndulo. Algumas pessoas veem o pêndulo como uma muleta e o utilizam o tempo todo. Quase sempre tenho um pêndulo comigo pronto para usar. Como eu o uso apenas quando não consigo achar a resposta de qualquer outro modo, é comum eu deixar de utilizá-lo por várias semanas e, então, usá-lo umas três ou quatro vezes em uma única semana.

Você achará o pêndulo extremamente útil na comunicação com seu anjo da guarda. Separe tempo suficiente para desfrutar de uma conversa proveitosa com seu anjo. Acredito que me ajuda fazer uma lista dos assuntos que quero discutir antes. Prefiro ter essas conversas à noite, pois gosto de ter uma vela branca na mesa que estiver usando e utilizá-la para iluminação. Pergunte se seu anjo da guarda está disponível para uma conversa. Quase sempre você receberá uma resposta positiva e conseguirá se comunicar imediatamente usando seu pêndulo. Às vezes, seu anjo pode estar ocupado com outra tarefa ou pode sentir que não é a hora certa para você. Isso acontece principalmente se estiver com raiva, chateado, ansioso ou estressado. Mesmo se você não imaginar por que seu anjo não está disponível, aceite de bom grado e tente de novo mais tarde.

Se seu anjo da guarda não lhe disse seu nome, você pode usar o pêndulo para saber qual é. Só precisa percorrer o alfabeto uma letra por vez, perguntando-lhe em todas elas se a letra em questão é a primeira letra de seu nome. Você precisa repetir isso quantas vezes for necessário para determinar o nome completo.

Depois de entrar em contato com seu anjo da guarda, você pode perguntar-lhe o que quiser, desde que formule as perguntas de tal forma que elas possam ser respondidas com "sim", "não", "não sei" e "não quero responder".

## Caminhe com um anjo

Deixei meu método favorito de entrar em contato com um anjo para o final. Eu caminho quase todos os dias. Deixo meu celular em casa e aproveito o tempo para pensar enquanto me exercito. Embora pareça que estou caminhando sozinho, muitas vezes convido um anjo para caminhar comigo. Em geral, é meu anjo da guarda, mas às vezes chamo outros.

Eu começo minha caminhada da forma costumeira. Depois de cerca de cinco minutos, pergunto para um anjo se ele gostaria de caminhar comigo. Continuo a andar e, depois de um ou dois minutos, percebo a presença do anjo que chamei. Não o vejo nem ouço, mas tenho a forte sensação de que ele está ao meu lado. Assim que percebo isso, começo a conversar com ele. Como eu costumo caminhar por ruas movimentadas, descobri que é melhor fazer isso em silêncio, e não em voz alta. As respostas do anjo aparecem como pensamentos na minha mente.

Uma das coisas de que eu gosto muito nessa forma de comunicação angélica é que nós podemos papear antes de abordar quais sejam minhas preocupações. Não quero tomar o tempo do anjo e nunca o contato apenas para papear. Por isso, sempre tem algo que eu gostaria de discutir, mas um pouco de bate-papo primeiro deixa a conversa parecida com uma existente entre grandes amigos.

Terminada a conversa, eu agradeço o anjo e me despeço, finalizando a caminhada sozinho.

Quando você tiver mais experiência em conversar com um anjo assim, verá que pode fazer isso em qualquer lugar, mesmo em um shopping lotado ou andando pelas ruas no horário do *rush*.

## Penas

Penas brancas são uma forma tradicional de sentir os anjos. Sempre gosto de encontrar uma pena branca, pois ela me lembra de que estamos sempre cercados de anjos. As penas também podem ser um sinal de que os anjos querem se comunicar com você. Há cerca de 20 anos, escrevi um livro chamado *Spirit Guides & Angel Guardians*. Na ocasião, não tinha o propósito de escrever mais nada sobre o assunto.

No entanto, a ideia de escrever um livro, ou uma coleção de livros, sobre os grandes arcanjos continuava a aparecer na minha cabeça. Sempre afastava a ideia, até que encontrei uma pena de anjo, seguida por outra, até parecer que as penas brancas surgiam em todos os lugares. Era um sinal evidente, e eu sabia que ele me dizia que estava na hora de começar a escrever minha coleção de livros sobre os arcanjos.

Se houver algo que você pretende fazer, mas fica adiando, note as penas brancas. Quando for a hora certa, começará a ver penas brancas e continuará a enxergá-las até iniciar o que for que tenha de fazer.

## Toque, som e fragrância

Há muitas formas de os anjos anunciarem sua presença. Você pode sentir que alguém o tocou, mas de maneira tão suave que não tem certeza se isso aconteceu mesmo. Você pode ouvir belos sons tão tênues que são quase imperceptíveis. Você também pode detectar o aroma de um perfume maravilhoso que não lhe é familiar. Essas coisas podem acontecer em qualquer lugar. Talvez ocorram quando você estiver em um local com muitas pessoas ou sentado em casa sozinho. Na maior parte do tempo, você se perguntará se a experiência realmente aconteceu ou se apenas a imaginou. Provavelmente, é um sinal de que um anjo quer se comunicar com você.

É bem fácil responder se você estiver sozinho. Você pode relaxar em uma poltrona, fechar os olhos e contar ao anjo em silêncio que você está pronto para ouvir o que ele tem a lhe dizer. Pode fazer duas coisas se estiver em algum lugar com outras pessoas: feche seus olhos por alguns segundos e diga ao anjo que você entrará em contato assim que estiver livre. Se fizer isso, terá de se lembrar de ficar livre assim que puder. A outra possibilidade seria pedir licença e ir para algum lugar onde pode ficar sozinho por um tempo. Um banheiro é um bom local para isso.

Com a prática, você conseguirá responder em silêncio, mesmo na companhia de outras pessoas. Há mais de 30 anos, eu estava em uma importante reunião de negócios com meu chefe. Nós tentávamos convencer os diretores de uma empresa a comprar uma nova impressora. Era um grande negócio, e eu não estava muito animado quando senti um leve toque no meu ombro. Imediatamente, travei uma conversa silenciosa com meu anjo da guarda, pois senti que deveria ser algo importante para ele entrar em contato comigo no meio de uma reunião. Meu anjo me disse que a empresa para a qual nós tentávamos vender a máquina não tinha condições de comprá-la, mas outra empresa, que ele mencionou, teria. Eu lhe agradeci em silêncio e tentei me concentrar na reunião de novo. Quando nos levantamos ao final da reunião, o presidente da empresa nos disse que ele pensaria na nossa proposta e depois retornaria. Claro que ele nunca retornou, mas isso não teve importância, pois nós conseguimos vender a impressora para a empresa que meu anjo da guarda havia falado.

## Comunicação urgente

Haverá momentos na sua vida em que você vai precisar de um anjo com urgência. Eu só passei por isso uma vez e funcionou maravilhosamente bem. Há muitos anos, fui reconhecido por um grupo de jovens cristãos renascidos que não aprovavam meus interesses ou crenças. Eles me perseguiram na principal rua de lojas da minha cidade, gritando comigo. Bem quando eu achava que eles iam me pegar, pedi ajuda a Miguel. Eles pararam de me perseguir na hora, e consegui voltar para casa, abalado, mas ainda inteiro.

Se você se encontrar algum dia em uma situação semelhante, chame um anjo específico imediatamente. Fiquei tão apavorado que apenas corri o mais rápido que pude, e demorou um tempo para eu pensar em pedir ajuda aos anjos. Você pode invocar seu anjo da guarda, um dos quatro principais arcanjos ou qualquer outro apropriado para a situação em que se encontra.

Você pode chamá-lo como quiser, em silêncio ou em voz alta. Não me lembro das palavras que eu usei, mas foi algo do tipo: "Miguel, por favor, me ajude". Um apelo desse tipo vem diretamente da alma e sempre será respondido.

Não desperdice o tempo do anjo pedindo ajuda urgente quando não precisa, mas peça assim que estiver em algum tipo de problema.

# Capítulo 7

# Trabalho com os Anjos

Agora que você tem experiência na comunicação com os anjos, vamos seguir adiante e aprender como trabalhar com eles. Você precisa achar um local onde não seja interrompido. Algumas pessoas com sorte têm um lugar sagrado particular em sua casa onde podem se comunicar com anjos sempre que quiserem. A maioria precisa criar um espaço temporário quando quer trabalhar com anjos. Pode ser em qualquer lugar da casa. Muitos usam o quarto, pois podem fechar a porta e imediatamente têm a privacidade necessária. Se você mora sozinho ou tem um cônjuge compreensivo, pode usar qualquer lugar que quiser. Quando você começar a usar uma área específica, é melhor continuar a utilizá-la, pois ela desenvolverá uma atmosfera espiritual especial que você reconhecerá.

## Altar dos anjos

Um altar é um lugar onde você pode realizar suas práticas espirituais e se comunicar com os anjos. Ele se tornará seu local sagrado. Joseph Campbell tinha uma boa descrição de um lugar sagrado: um espaço onde a maravilha pode ser revelada. Você precisa escolhê-lo com cuidado. Em um mundo perfeito, você faria seu altar em algum lugar na sua casa onde ele não fosse perturbado. Nesse cenário, você conseguiria deixá-lo preparado o tempo todo. Se você mora com outras pessoas e tem um altar permanente, precisa se certificar de que elas não encostem nem peguem nada do que você colocou lá.

O altar é onde você realiza seus rituais. Você pode usar qualquer superfície plana para isso, como parte da mesa da cozinha ou da sala de jantar, uma cômoda, uma escrivaninha ou até uma estante. Meu primeiro altar era uma caixa de madeira com a porta de um antigo armário em cima. Funcionava muito bem. No momento, estou usando uma mesinha de café com uma gaveta do lado. A gaveta é muito útil, pois consigo guardar velas e outros itens de que posso precisar.

Um amigo meu que viaja muito a trabalho criou um altar portátil que ele prepara onde estiver. Consiste em duas velas, um cristal de quartzo e um amuleto embrulhados em um pequeno pedaço de tecido. Ele usa o tecido como toalha do altar e arranja os outros itens sobre ele. Pode preparar ou guardar seu altar em um minuto. Na prática, ele demora consideravelmente bem mais do que isso, pois gosta de segurar e manusear cada um dos itens que usa antes de colocá-los no lugar. Isso o ajuda a entrar no estado de espírito calmo e tranquilo de que precisa antes de realizar suas práticas espirituais.

Se você preparar seu altar ao ar livre, pode encontrar uma pedra plana para servir de superfície de trabalho. Se fizer isso, você seguirá uma antiga tradição, pois os primeiros altares eram feitos de rochas ou pedras. Seu altar externo pode ficar em um ponto remoto bem longe da civilização, mas também pode muito bem ficar em seu próprio quintal.

Seu altar precisa ficar dentro do seu círculo mágico. Pode ser no meio dele, se quiser, ou na ponta do círculo de frente para o Leste. Se estiver no centro do círculo, você precisará de espaço para conseguir circular ao redor dele, claro. Se o puser na ponta do círculo, pode deixá-lo contra uma parede que estiver alinhada na direção certa.

Você pode cobrir seu altar com o que quiser. Eu tenho uma toalha de mesa branca que funciona bem. Vários conhecidos meus gostam de usar tecidos tramados como toalha no altar. Um amigo meu comprou várias toalhas de altar de linho de uma fornecedora de liturgia e só usa isso. Você também pode comprar na internet toalhas de altar com uma grande variedade de padrões e tamanhos. (Da mesma forma, é possível comprar altares na internet.)

Depois de preparar seu altar, você pode colocar qualquer coisa que quiser nele. Eu sempre uso velas e, geralmente, coloco um vaso de flores do lado. Tenho uma pedrinha que uma das minhas netas me deu, assim como alguns cristais. Eu acrescento outros itens, como caneta e papel, quando eles forem necessários ao ritual. Também deixo uma jarra de água de lado no altar. Isso é apenas por precaução, pois uso velas em meus rituais e há sempre uma possibilidade de colocar fogo em alguma coisa por acidente.

É importante que você ache seu altar esteticamente agradável, e você pode acrescentar qualquer coisa que quiser para deixá-lo mais atraente. Tudo que colocar no altar ganhará energia espiritual gradativamente, e às vezes isso é tão forte que outras pessoas podem sentir.

Muitas pessoas gostam de energizar seu lugar sagrado antes de usá-lo. Pode ser queimando um incenso, tocando sinos ou batendo em um tambor. Alguns usam incensos naturais em bastão (disponíveis em lojas esotéricas) para purificar a área antes de usá-la. Eu gosto de fazer uma oração antes de utilizar meu altar. Além de energizar seu lugar sagrado, com esse processo você pode deixar suas preocupações diárias para trás e entrar em um estado de espírito tranquilo e meditativo.

## Rituais angélicos

Um ritual é uma série de ações fixas que são realizadas em certa ordem. Nós todos realizamos vários rituais pessoais todos os dias. Ao acordar pela manhã, por exemplo, você provavelmente sai da cama de determinada forma e realiza uma série de ações idênticas àquelas que fez ontem e anteontem. Isso é um ritual. Rituais desse tipo facilitam a vida, pois estamos seguindo um modo regular de fazer certas tarefas. Esses rituais são feitos de maneira automática, com pouco ou nenhum pensamento consciente.

Cerimônias de formatura são ritualísticas, assim como muitas cerimônias religiosas. Casamentos, batizados e funerais são todos rituais. Há rituais de namoro que precisam ser seguidos. Cristãos realizam o ritual da Eucaristia no qual comem pão e bebem vinho, pois estes simbolizam o corpo e o sangue de Jesus Cristo. Todas as religiões têm seus próprios rituais para ajudar as pessoas a comungar com Deus. No passado, sacrifícios eram feitos para apaziguar os deuses. Rituais também podem ser usados para invocar anjos.

Eu tinha uns 10 ou 11 anos quando participei do meu primeiro ritual organizado. Foi em um campo de escotismo. Uma noite, nós estávamos sentados em volta da fogueira depois do jantar e nosso líder perguntou se gostaríamos de fazer algo que melhoraria de forma drástica nossas vidas. Naturalmente, todos concordamos. Ele entregou papel e lápis e nos pediu para anotar tudo que queríamos mudar nas nossas vidas. Ele nos deu alguns exemplos. Se fôssemos impacientes, ele disse, deveríamos escrever que não gostávamos de ser assim e que queríamos ter mais paciência daquele momento em diante. Se fôssemos invejosos, deveríamos escrever que não gostávamos desse traço da nossa personalidade e que queríamos eliminá-lo das nossas vidas. Ele nos disse para não deixar ninguém ver o que iríamos escrever; nos deu vários minutos para escrever o que quiséssemos. Quando todos terminamos, ele nos pediu para levantar e andar em volta da fogueira sete vezes enquanto pensávamos nas mudanças que desejávamos nas nossas vidas. Depois disso, ele fez uma breve oração e nós jogamos nossos pedaços de papel no fogo. "Olhem para a fumaça", ele disse. "Ela está levando embora todas as coisas que os detêm. Despeçam-se de seus antigos medos e hábitos."

Demorou muitos anos para perceber que eu tinha participado de um ritual, mas ainda posso visualizar toda a experiência como se tivesse acontecido ontem. Realizar rituais é uma boa forma de fazer contato com os anjos.

## Ritual quando você precisa de ajuda

A vida não é fácil, e todos precisam de ajuda de vez em quando. Você achará este ritual útil sempre que se ver precisando de uma assistência extra do reino angélico. Seus anjos estão sempre dispostos a auxiliá-lo, mas você deve fazer todos os esforços para se ajudar primeiro. Muitas vezes, descobrirá que pode resolver um problema sem pedir ajuda. Você deve pedir ajuda aos anjos apenas se não conseguir solucionar seu problema sozinho.

1. O melhor lugar para realizar este ritual é dentro do seu círculo mágico, na frente do seu altar. Se isso não for possível, encontre outro local onde você possa relaxar e não seja perturbado.

2. Sente-se, feche os olhos e respire fundo e devagar algumas vezes. Deixe todos os músculos do seu corpo relaxarem.
3. Quando se sentir completamente relaxado, pense no seu problema ou preocupação.
4. Mentalizando ou em voz alta, conte seu problema ao seu anjo da guarda ou ao anjo que escolheu para isso e descreva o que você fez para tentar resolvê-lo.
5. Peça ajuda.
6. Sente-se em silêncio por pelo menos um minuto e veja o que vem à sua mente. Você pode sentir algo, como uma sensação de paz ou conforto. Pode ouvir uma ou mais vozes quando os anjos se comunicarem com você. Ouça com atenção e espere até eles pararem antes de fazer perguntas.
7. Depois de receber todo o conforto e as informações de que precisar, agradeça a seu anjo da guarda e a qualquer outro anjo que possa estar envolvido. Despeça-se e concentre-se na sua respiração de novo por um ou dois minutos.
8. Quando estiver pronto, agradeça uma última vez, conte devagar até cinco e abra os olhos.

## *Ritual de cura*

Os anjos querem que você seja saudável e tenha um bom condicionamento físico, e farão tudo o que puderem para ajudar na sua recuperação. Os anjos também são vistos com frequência quando as pessoas morrem, e dão amor e apoio enquanto a alma parte. Portanto, dependendo do destino da pessoa, os anjos a ajudam a recuperar a boa saúde e guiam sua alma até o céu ao fim da vida. Este ritual pode ser usado para curar a si mesmo, seus amigos, entes queridos, animais de estimação e a humanidade como um todo.

Você vai precisar de um cristal ou algum outro objeto que possa imbuir de energia. Separe também uma vela branca. Você pode colocar o que quiser no altar. Tenha uma fotografia da pessoa que precisa de cura ou um pequeno objeto que pertença a ela. Não importa o que use, desde que seja relevante ao ritual. Às vezes, coloco várias velas brancas no altar enquanto realizo este ritual. Dependendo de como me sinto, fico de pé no ritual inteiro ou me sento em uma cadeira de frente para o altar.

1. Prepare seu altar e o círculo mágico. Se possível, tome um banho e coloque roupas largas e limpas.
2. Fique de pé fora do círculo, segurando a vela branca com as duas mãos. Respire fundo, expire devagar e entre no círculo. Coloque a vela no centro do seu altar e acenda-a. Se estiver usando outras velas, acenda-as também.
3. Realize o círculo de proteção (ver capítulo 6) para se cercar dos quatro grandes arcanjos.
4. Sente-se, se quiser. Segure o cristal com as duas mãos. Olhe para a vela central no seu altar até sentir seus olhos cansados. Feche os olhos e concentre-se na sua respiração. Enquanto inspira, visualize-se enchendo seu corpo com uma luz de cura. Essa é a luz branca pura que você criou enquanto fazia o círculo de proteção.
5. Expire com força. Enquanto faz isso, visualize toda a energia negativa e os problemas de saúde acumulados deixando seu corpo. Substitua a negatividade com outra inspiração profunda de luz branca.
6. Continue fazendo os passos 4 e 5 por quanto tempo achar necessário.
7. Peça para seu anjo da guarda enchê-lo de energia de cura. Se você precisar curar uma parte específica de seu corpo, visualize seu anjo da guarda enviando energia diretamente à área em questão.
8. Fique parado por um ou dois minutos, visualizando seu anjo da guarda o enchendo de energia de cura.
9. Visualize a energia de cura sendo absorvida pelo cristal. Quando parecer a hora certa, feche as mãos ao redor do cristal.
10. Agradeça pela ajuda do seu anjo da guarda.
11. Deixe a luz branca pura se dissipar e desaparecer de seu corpo e do círculo mágico.
12. Conte devagar até cinco e abra os olhos. Espere alguns minutos para voltar para sua vida cotidiana. Quando se sentir preparado, alongue-se e levante-se. Apague as velas e continue com seu dia. Mantenha o cristal perto de você, em um

bolso ou na bolsa. Sempre que pensar nele, segure-o nas mãos e visualize a energia de cura absorvida pelo cristal saindo dele e sendo transportada por seu anjo da guarda à pessoa, ao animal ou à planta que precisar dela.

É uma boa ideia ter algo para comer e beber depois de realizar qualquer ritual. Isso o ajuda a voltar à rotina de novo. Não precisa necessariamente ser uma refeição completa. Eu costumo comer algumas castanhas e passas e beber um copo de água.

Se você estiver realizando este ritual para alguém, visualize a pessoa e envie mentalmente a energia para ela. Você também pode pedir para seu anjo da guarda enviar amor e energia de cura para o anjo da guarda de seu amigo, confiando que isso será transmitido.

Se estiver realizando este ritual para toda a humanidade, peça para Miguel, Rafael, Gabriel e Uriel espalharem sua energia de cura pelo mundo todo.

Você pode pedir para seu anjo da guarda enviar energia de cura para seu animal de estimação ou para uma planta do seu jardim, se necessário. Visualize seu animal ou sua planta e, mentalizando, "veja" seu anjo da guarda transmitindo seu amor e energia de cura.

Você pode chamar quaisquer anjos que quiser quando realizar este exercício. Há vários anjos da cura que ficarão felizes em ajudar se você pedir.

Pode pedir para seus anjos o ajudarem a curar outras pessoas de diferentes formas. Sempre que minha avó passava por um hospital, ela orava pelos pacientes internados. Eu era criança quando a vi fazendo isso, e nunca pensei em lhe perguntar o que exatamente ela fazia. Portanto, não faço ideia se ela envolvia anjos na oração. Eu devia ter uns 30 anos quando resolvi testar a ideia da minha avó. Desde então, sempre realizo uma oração pedindo para o meu anjo da guarda enviar a cura para os anjos da guarda dos pacientes. Também mando amor e uma oração ao arquiteto do universo, manifestando minha gratidão por todas as bênçãos que todos nós temos em nossas vidas.

Sempre que um conhecido falece, eu envio uma mensagem aos meus anjos pedindo-lhes para ajudar a conduzir a alma da pessoa para o céu.

## Chacras e seus rituais

Nós somos muito mais do que nosso corpo físico. Existe um campo de energia quase invisível chamado aura, que cerca o corpo de todos os seres vivos. Ursula Roberts, a famosa vidente britânica, chamava a aura de "um campo magnético de vibração que cerca todas as pessoas, da mesma forma que a luz cerca uma vela acesa ou o perfume cerca uma flor" (ROBERTS, 1950, p. 1). A aura muitas vezes é representada como um halo em volta da cabeça e dos ombros de santos e anjos nas pinturas religiosas. Ela se estende de 60 a 90 centímetros em todas as direções saindo do corpo. Na verdade, como faz parte de toda célula corporal, a aura é mais uma extensão do corpo em vez de algo que o envolve.

Dentro da aura há vários centros de energia conhecidos como chacras. A palavra "chacra" significa "roda" em sânscrito. Os chacras são geralmente sentidos ou percebidos como discos de energia semelhantes a rodas giratórias. Eles absorvem as energias mais elevadas, incluindo a força vital universal, e as transformam em uma forma que o corpo pode usar. Eles desempenham um papel imprescindível na saúde física, mental e emocional de uma pessoa. Podem ser considerados baterias potentes que energizam o corpo todo. Há muitos chacras no corpo humano, mas os sete mais importantes ficam na área da coluna, partindo do cóccix e indo até o topo da cabeça.

### *Os sete chacras*
### Chacra básico
*Cor:* vermelho
*Elemento:* terra
*Função:* sobrevivência
*Glândulas:* suprarrenais
*Sentido:* olfato
*Desejo:* contato físico
*Desafio:* pensar antes de agir
*Palavra-chave:* físico
*Anjos:* arcanjos Uriel e Sandalfon

O chacra básico localiza-se na base da coluna, na área do cóccix. Ele nos mantém firmes no solo. Proporciona uma sensação de segurança e autopreservação. Dá energia, vitalidade, coragem, força e persistência. Este chacra está relacionado à sobrevivência e à força vital.

Ele rege as partes sólidas do corpo, como ossos, dentes e unhas. Um chacra básico pouco estimulado cria sentimentos de medo e nervosismo, que costumam levar a problemas digestivos.

## Chacra sacral

*Cor:* laranja
*Elemento:* água
*Função:* sexualidade, prazer, criatividade
*Glândulas:* ovários, testículos
*Sentido:* paladar
*Desejo:* respeito e aceitação
*Desafio:* amar e servir aos outros
*Palavra-chave:* sociabilidade
*Anjos:* arcanjos Gabriel e Chamuel

O chacra sacral localiza-se no abdômen inferior, aproximadamente cinco centímetros abaixo do umbigo. Por estar relacionado ao elemento água, afeta as funções fluídicas do corpo. Este chacra proporciona esperança e otimismo em um nível emocional. As emoções negativas, como raiva e ressentimento, podem prejudicar a estimulação deste chacra, provocando artrite, disfunção sexual, problemas no útero, na próstata, no rim e na bexiga, problemas na lombar e perda do poder pessoal.

## Chacra do plexo solar

*Cor:* amarelo
*Elemento:* fogo
*Função:* vontade, poder pessoal
*Glândula:* pâncreas
*Sentido:* visão
*Desejo:* compreender
*Desafio:* comunicar-se bem com entes queridos
*Palavra-chave:* intelecto
*Anjos:* arcanjos Jofiel, Uriel e Miguel

O chacra do plexo solar localiza-se entre o umbigo e o esterno. Dá poder pessoal, calor, confiança, felicidade, autoestima e uma sensação de bem-estar físico. Se estiver pouco estimulado, pode provocar úlceras e problemas digestivos e no fígado, no pâncreas, na vesícula biliar e no estômago.

## Chacra cardíaco

*Cor:* verde
*Elemento:* ar
*Função:* amor
*Glândula:* timo
*Sentido:* tato
*Desejo:* amar e ser amado
*Desafio:* ganhar confiança
*Palavra-chave:* emoções
*Anjos:* arcanjos Rafael e Chamuel

    O chacra cardíaco localiza-se no centro do peito, perto do coração. Portanto, não é surpresa este chacra se relacionar a amor, harmonia, compreensão e cura. Ele aumenta a compaixão e o respeito por si e pelos outros. Se o chacra cardíaco estiver pouco estimulado, pode causar medo, estresse, dores de cabeça e uma sensação de autocomiseração. Também pode provocar problemas cardíacos, pulmonares, no timo e no sistema imunológico.

## Chacra laríngeo

*Cor:* azul
*Quadruplicidade:* fixo
*Função:* comunicação e criatividade
*Glândulas:* tireoide e paratireoide
*Sentido:* audição
*Desejo:* paz interior
*Desafio:* arriscar-se
*Palavra-chave:* conceitos
*Anjo:* Arcanjo Miguel

    O chacra laríngeo localiza-se na altura da garganta. É o chacra da comunicação e da expressão pessoal. Em um nível emocional, ele aumenta o amor, o idealismo e a compreensão. Se estiver pouco estimulado, pode provocar problemas na tireoide, na mandíbula, no pescoço e no ombro.

## Chacra frontal

*Cor:* azul índigo
*Quadruplicidade:* mutável
*Função:* intuição, pensamento e percepção
*Glândula:* pituitária
*Desejo:* estar em harmonia com o universo
*Desafio:* transformar sonhos em realidade
*Palavra-chave:* intuição
*Anjos:* arcanjos Raziel, Gabriel e Jofiel

O chacra frontal localiza-se na testa, logo acima das sobrancelhas. Este chacra rege a mente e também nos conscientiza de nossa natureza espiritual essencial. Por se preocupar com os mundos espiritual e psíquico, costuma ser chamado de "terceiro olho". Quando é pouco estimulado, provoca dores de cabeça tensionais, insônia, dores no ciático, asma e problemas pulmonares. Também pode afetar os olhos e a glândula pituitária.

## Chacra coronário

*Cor:* violeta
*Quadruplicidade:* cardinal
*Função:* união com a divindade
*Glândula:* pineal
*Desejo:* compreensão universal
*Desafio:* crescer em conhecimento e sabedoria
*Palavra-chave:* espiritualidade
*Anjo:* Arcanjo Zadkiel

O chacra coronário localiza-se no topo da cabeça. Os artistas retratam uma auréola quando pintam pessoas evoluídas espiritualmente. Este chacra equilibra e harmoniza os lados diferentes de nossa natureza. Se for muito estimulado, provoca enxaquecas. Se for pouco estimulado, provoca inflamações, doenças cardíacas, problemas de visão, sensação de inutilidade e depressão.

## Ritual de cura dos chacras

Com este ritual, você poderá estimular qualquer chacra que estiver desequilibrado. O único requisito essencial é um pêndulo. Você pode realizar este ritual a qualquer momento, em qualquer lugar. Gosto de realizá-lo dentro do meu círculo de proteção, na frente do altar. Costumo usar pelo menos uma vela branca. Se possível, coloco uma seleção de velas relativas a cada uma das cores dos chacras, prontas para ser utilizadas, caso necessário. Como sempre, tome um banho e coloque roupas limpas e largas antes de realizar o ritual.

1. Coloque o pêndulo e uma vela branca no centro do altar. Crie o círculo de proteção.
2. Acenda a vela e olhe para a chama enquanto pensa na sua necessidade de cura (ou na necessidade de outra pessoa).
3. Quando se sentir pronto, pegue seu pêndulo e peça para ele indicar os movimentos para "sim", "não", "não sei" e "não quero responder". Faça isso mesmo que souber as respostas usuais dele. Como os movimentos podem mudar às vezes, é uma boa ideia testar as respostas periodicamente.
4. Pergunte ao pêndulo se seu chacra básico está equilibrado. Se a resposta for "sim", faça a mesma pergunta sobre o chacra sacral, e assim por diante, percorrendo gradativamente toda a sua coluna, desde que as respostas permaneçam positivas. Se o pêndulo der uma resposta negativa, faça todas as perguntas necessárias para determinar qual é o problema.
5. Chame o arcanjo que trabalha com o chacra específico que está desequilibrado e peça para ele equilibrá-lo para você. Enquanto ele faz isso, balance deliberadamente seu pêndulo no movimento de "sim". Aproximadamente um minuto depois, pare de balançar o pêndulo e pergunte ao arcanjo se o problema foi resolvido. A resposta virá como uma vozinha na sua mente. Pode ser até uma sensação de que o problema foi solucionado. Se tiver alguma dúvida quanto à resposta, peça para o arcanjo responder com o pêndulo. Segure o pêndulo e espere até ele lhe dar uma resposta. Você pode ter de repetir este processo algumas vezes até o chacra ficar equilibrado.

Agradeça ao arcanjo que equilibrou o chacra por seu amor e disposição para ajudar.
6. Repita o processo com o chacra seguinte e continue fazendo isso até receber uma resposta positiva no chacra coronário.
7. Agora todos os chacras estão equilibrados. Se estiver usando velas coloridas, acenda aquelas relativas aos chacras que estavam desequilibrados. Sente-se e as observe por alguns minutos.
8. Respire fundo e devagar três vezes e confirme o sucesso do ritual perguntando ao seu pêndulo: "Todos os meus chacras estão equilibrados?"
9. Na maior parte do tempo, você receberá uma resposta positiva para essa pergunta. Se não, volte ao passo 4 e repita o ritual.
10. Depois de receber uma resposta positiva para sua pergunta, relaxe por um ou dois minutos e conte até cinco. Levante-se, apague as velas e saia do círculo.

## *Ritual de respiração com cromoterapia*

Você também pode usar os sete chacras e seus arcanjos em um exercício de respiração com cromoterapia para aumentar sua felicidade e bem-estar. Este é um ritual muito bom para quando você se sentir exausto e sem energia. Como sempre, se possível, tome um banho e vista roupas limpas e largas antes de começar.

1. Crie o círculo de proteção.
2. Sente-se confortavelmente, feche os olhos e respire fundo e devagar cinco vezes. Relaxe a cada expiração.
3. Quando estiver se sentindo totalmente relaxado, chame o Arcanjo Uriel e peça que ele o cerque com uma energia vermelha pura.
4. Depois de se sentir totalmente cercado pelo vermelho, respire fundo e devagar três vezes, inspirando pelo nariz e expirando pela boca. Segure cada inspiração por um ou dois segundos antes de soltar o ar. Visualize-se inalando a energia vermelha.
5. Repita os passos 3 e 4, chamando o Arcanjo Gabriel e a energia laranja pura.

6. Repita os passos 3 e 4 com Jofiel, Rafael, Miguel, Raziel e Zadkiel e as cores amarelo, verde, azul, azul índigo e violeta, respectivamente.

7. Complete o exercício pedindo para todos os arcanjos o preencherem com uma luz branca pura de cura. Relaxe pelo tempo que puder dentro dessa luz, totalmente cercado interna e externamente.

8. Quando estiver pronto, respire fundo e devagar cinco vezes, abra os olhos e levante-se.

## *Ritual para eventos tristes e trágicos*

Sempre que assistimos ao noticiário na TV ou lemos um jornal, sabemos de acontecimentos tristes e trágicos em todo o mundo, variando desde uma violência contra um só indivíduo até grandes guerras envolvendo milhares de pessoas. Pode ser um desastre natural, como uma enchente ou um terremoto. Não importa se envolve conhecidos seus ou se acontece com estranhos em algum lugar do mundo. Sejam quais forem as más notícias, você pode passar alguns momentos pedindo para seus anjos enviarem amor, luz e cura para todos nessa situação.

Você pode apoiar um lado em particular em uma discórdia ou conflito. Naturalmente, vai querer que seus anjos enviem uma energia carinhosa a quem você apoia. No entanto, também deve enviar o mesmo amor e cura às pessoas do outro lado. Também pode enviar uma energia carinhosa especial a todos os inocentes que estão simplesmente tentando viver, mas ficaram no meio do conflito, ainda que não tenham culpa.

Recentemente, li uma reportagem sobre um julgamento de homicídio. A mãe da vítima adolescente disse em seu depoimento que perdoava a pessoa que havia matado seu filho. Não acho que muitos conseguiriam perdoar o autor de um crime que acabou com a vida de um membro da família. Além de perdoar o assassino, ela também se dava um presente inestimável. Em vez de guardar ódio e rancor em seu coração, ela se libertou para continuar com sua vida e dar amor e atenção às outras pessoas com quem se importa e que ama. Não faço ideia se ela usou anjos enquanto tomava essa decisão, mas uma forma de fazer isso seria pedir para seus anjos enviarem amor e luz a todos os envolvidos na situação trágica.

Você pode pedir para seus anjos enviarem amor e luz sempre que ouvir sobre uma tragédia ou um desastre. Apenas feche os olhos por alguns segundos e peça ajuda aos seus anjos. Você também pode realizar um ritual para uma situação específica, se preferir. Por exemplo: supomos que este seja um ritual envolvendo duas famílias vizinhas que brigam por causa de alguma coisa. Não faz diferença para o ritual se o problema é trivial ou sério.

Como preparação, tome um banho e vista roupas limpas e largas. Coloque uma vela branca no centro do seu altar. Crie o círculo de proteção.

1. Acenda a vela. Sente-se na frente dela e observe-a até seus olhos ficarem cansados. Feche os olhos.
2. Pense nos seus entes queridos que estão envolvidos na disputa. Visualize-os com o máximo de clareza possível. Lembre-se de alguns dos momentos felizes que passou com eles.
3. Depois de fazer isso, chame seu anjo da guarda e peça que envie amor e paz a eles. Visualize isso acontecendo e "veja" as expressões no rosto de todos ao notarem essa nova energia.
4. Pense nas pessoas do outro lado da discórdia. Visualize-as com a maior clareza possível. Se teve alguns momentos felizes com elas antes desse problema, reviva-os na mente. Se não conseguir pensar em nada, visualize essas pessoas curtindo alguma atividade juntas. Veja-as rindo e aproveitando a vida.
5. Peça para seu anjo da guarda enviar amor e paz a elas. Visualize isso acontecendo e fique feliz enquanto "vê" seus vizinhos sentindo essa energia carinhosa.
6. Visualize uma cena em um futuro próximo que envolva as duas famílias, a sua e aquela com quem você teve problema. Pode ser uma refeição ou alguma outra atividade. Não importa o que seja, desde que você visualize um momento de felicidade e paz. Aproveite essa cena pelo máximo de tempo possível.
7. Peça para seu anjo da guarda enchê-lo de amor e luz. Agradeça-lhe por todas as bênçãos na sua vida. Saiba no seu coração que seu anjo da guarda o ajudará a resolver o problema.

8. Deixe a luz desaparecer aos poucos.
9. Sente-se em silêncio por alguns minutos, aproveitando o conforto e a segurança do círculo de proteção. Quando estiver pronto, conte até cinco, abra os olhos, alongue-se e continue com seu dia.

Eu usei um evento pequeno de propósito para ilustrar este ritual. Supomos que você queira realizar um ritual para uma situação mais grave, talvez uma guerra na qual inocentes são mortos por bombas e ataques aéreos. A primeira coisa na qual provavelmente pensará é na situação pavorosa e em todas as tragédias individuais que ocorrem na zona de guerra todos os dias. Em uma circunstância como essa, você precisa focar no positivo, e não no negativo. Em seu ritual, peça para seus anjos enviarem amor, luz e cura para todos os envolvidos na guerra. Isso inclui as tropas dos dois lados e os inocentes em meio ao conflito sem ter culpa de nada. Visualize essa energia de cura cobrindo todo o campo de batalha e todos os envolvidos. Continue a realizar este ritual regularmente até a paz voltar.

Muitos me perguntam o que fazer se o líder de uma das facções for um tirano que não liga para os indivíduos e fará qualquer coisa para vencer. Não importa o quanto ele pode ser mal, você ainda precisa pedir para seus anjos enviarem amor e luz para ele.

Se estiver realizando um rito para um desastre natural, peça para seus anjos enviarem amor, luz e cura para todos no meio da tragédia. Peça para eles guiarem as almas dos mortos para a luz o mais rápido e seguramente possível.

## Meditação com cromoterapia dos arcanjos

Todo mundo já ouviu, em algum momento, que fica bem com certa cor. Isso porque todos têm uma cor que irradia melhor em si mesmo. Se você recebe elogios sempre que usa algo na sua cor favorita, essa provavelmente será a melhor cor para ao realizar esta meditação.

Se nenhuma cor vier à sua mente, você pode usar a numerologia baseada na sua data de nascimento para determinar a cor correta a usar. Reduza sua data completa a apenas um número e, então, o relacione a uma cor. No caso de alguém nascido em 12 de julho de 1973, por exemplo: 12 (dia) + 7 (mês) + 1973 (ano) = 1992. Esses números, então, são reduzidos a um único dígito: 1 + 9 + 9 + 2 = 21, e 2 + 1 = 3.

Há duas exceções. Se a soma deu 11 ou 22 em qualquer estágio durante o processo de redução, você deve parar neles em vez de reduzi-los a um único dígito. Os números 11 e 22 são chamados de números mestres na numerologia. No caso de alguém nascido em 2 de novembro de 1996, por exemplo: 2 (dia) + 11 (mês) + 1996 (ano) = 2009, e 2 + 0 + 0 + 9 = 11.

Criamos uma soma a partir da data de nascimento, pois às vezes é possível perder os 11s ou os 22s. Se você somar 29 de fevereiro de 1944 em uma linha reta, acabará com o número 4: 2 + 9 (dia) + 2 (mês) + 1 + 9 + 4 + 4 = 31 e 3 + 1 = 4. Porém, se você criar uma soma dessa data, verá que ela se reduz para 22.

O número que você criou reduzindo sua data de nascimento para um único dígito (ou 11 ou 22) chama-se número do caminho de vida na numerologia. Cada um desses números é relativo a uma cor.

**1:** vermelho
**2:** laranja
**3:** amarelo
**4:** verde
**5:** azul
**6:** azul índigo
**7:** violeta
**8:** rosa
**9:** bronze
**11:** prateado
**22:** dourado

Agora que você descobriu sua cor, podemos passar para a meditação.

1. Faça as preparações costumeiras e crie o círculo de proteção.
2. Sente-se confortavelmente, feche os olhos e relaxe.
3. Você tem uma escolha neste ponto. Pode imaginar-se completamente cercado por sua cor. Ou, então, visualize-se caminhando por um arco-íris até chegar à sua cor. Obviamente, você não poderá fazer isso se sua cor for rosa, bronze, prateado ou dourado.

4. Imagine que você virou essa cor.
5. Depois de conseguir "ver" isso na sua mente, visualize sua cor aumentar cada vez mais até invadir todo o cômodo onde você estiver. A seguir, visualize-a preenchendo o edifício, a rua, o quarteirão, a cidade, o estado, o país, o mundo e, por fim, o universo.
6. Sinta o arcanjo com quem quer entrar em contato. Você sentirá sua presença quanto mais ele se aproximar de você.
7. Deixe os olhos fechados, mas visualize o arcanjo com o máximo de clareza possível.
8. Quando estiver pronto, comece a falar. Conte ao arcanjo o que acontece na sua vida, tanto coisas positivas como negativas. Fale de esperanças, sonhos e planos. Você vai sentir como se estivesse conversando com seu melhor amigo e pode discutir qualquer coisa que quiser com ele. Faça quantas perguntas quiser. Você pode ou não receber as respostas imediatamente. Não precisa ficar preocupado se não as receber na hora. Você as receberá nos próximos dias, talvez na forma de sonhos ou pensamentos repentinos.
9. Quando sentir que a conversa acabou, agradeça ao arcanjo. Você o sentirá desvanecendo aos poucos, e ficará completamente cercado e banhado por sua cor. Visualize a energia de cura dessa cor lavando todo o universo. Não tenha pressa ao fazer isso.
10. Quando estiver pronto, agradeça à força vital universal por ajudá-lo a espalhar amor e bondade por todo o universo.
11. Deixe os olhos fechados enquanto sua cor especial desvanece. Conte devagar até cinco e abra os olhos.

Todos os meus conhecidos que realizaram esta meditação tiveram uma sensação profunda de felicidade e bem-estar depois. É uma experiência mística e espiritual que leva embora todos os seus problemas e preocupações. Com ela, você pode tanto enviar energia de cura para toda a humanidade como ver o mundo com novos olhos.

## Cristais e pedras preciosas

As pessoas admiram e estimam pedras preciosas há milhares de anos. Os cristais são mencionados várias vezes na Bíblia. As 12 pedras no peitoral de Aarão são um bom exemplo (Êxodo 28:15-21). William Shakespeare mencionou pedras preciosas em muitas de suas peças e sonetos. Ao longo dos séculos, as pedras estiveram ligadas aos reinos angélicos. Agora que descobriu sua cor com base na sua data de nascimento, pode escolher uma pedra que harmonizará com você e o ajudará a manter uma ligação ainda mais íntima com seus anjos.

Você pode escolher um cristal de formas diferentes. Pode visitar uma loja que vende cristais e deixar sua intuição atraí-lo para uma pedra que seja perfeita para você. Ou ainda pode fazer uma pesquisa primeiro e escolher um cristal com base em suas propriedades e necessidades particulares. Por fim, você pode escolher uma pedra baseada na sua cor. Algumas pedras relativas a cada uma das cores são as seguintes:

**Vermelho:** coral, rubi, granada vermelha, rodonita e quartzo rosa
**Laranja:** cornalina, calcita laranja e pedra do sol
**Amarelo:** âmbar, berilo amarelo, citrino, safira amarela e topázio
**Verde:** aventurina, crisoprásio, esmeralda, malaquita e turmalina verde
**Azul:** água-marinha, ágata azul rendada, azurita, lápis-lazúli e sodalita
**Azul índigo:** iolita e sodalita índigo
**Violeta:** ametista, florita roxa e rodolita
**Rosa:** turmalina rosa
**Bronze:** bronzita, olho de tigre e topázio bronze
**Prateado:** ágata, opala e pérola
**Dourado:** olho de tigre dourado e topázio

Escolhida sua pedra, você precisa cuidar dela. Não deixe ninguém tocá-la, pois você não quer que ela seja afetada pelas vibrações dos outros. Antes de usá-la, deve purificá-la para se livrar de qualquer negatividade que ela possa ter pegado antes de ir para suas mãos. Você pode fazer isso de várias formas. Pode deixá-la ao ar livre da noite para o dia e permitir que os raios da Lua a purifiquem. Pode enterrá-la no chão de um dia para o outro ou lavá-la na água, de preferência destilada ou mineral. Você pode usar até um incenso, embora na prática eu só faça isso se estiver purificando várias pedras ao mesmo tempo.

Uma vez purificada sua pedra, você pode enchê-la com a energia do anjo. Segure o cristal em uma das mãos na altura dos olhos. Observe-o por alguns segundos e, então, diga que a pedra será usada para aproximá-lo ainda mais dos reinos angélicos. Pergunte para a pedra se ela está feliz em fazer isso. Espere por uma resposta, que virá ao perceber que ela concordou. Poderá até ouvir uma vozinha dizendo "sim". É bem provável que você fique empolgado, sabendo que sua pedra o ajudará. Agradeça-lhe e então a segure contra seu chacra frontal (terceiro olho). Convide seu anjo da guarda a ativar sua pedra para você. Agradeça a seu anjo e embrulhe a pedra em um tecido de algodão ou seda. Carregue a pedra consigo. Sempre que sentir a necessidade de contato angélico, segure-a sem apertar na palma da mão. Se quiser, você pode deixá-la no bolso e tocá-la sempre que desejar. Isso o lembrará que você está sempre protegido pela energia dos anjos.

# Capítulo 8

# Visitações Angélicas

Ao longo da história, as pessoas relataram experiências com os anjos. Alguns dos relatos mais famosos incluem Joana d'Arc, São Francisco de Assis, George Washington, São João Bosco, Charles Lindbergh, Martin Luther King Jr. e Ann Canady.

## Joana d'Arc

Patriota e mártir francesa, Joana d'Arc resistiu aos ingleses durante a Guerra dos Cem Anos. Aos 13 anos de idade, ela ouviu uma voz acompanhada por uma explosão de luz. A voz estava próxima e soava como se alguém sussurrasse em seu ouvido. Ela percebeu que era o Arcanjo Miguel, avisando que ela seria ensinada por Santa Margarida e Santa Catarina. O interessante é que essas santas foram duas virgens mártires e, com o tempo, Joana d'Arc também se tornou uma. As vozes a guiaram e a ensinaram por quatro anos, até o Arcanjo Miguel dar a Joana a tarefa de resgatar a França do domínio inglês. O Arcanjo Gabriel também a visitou nessa época. A princípio, ela teve medo das vozes, mas aprendeu a recebê-las com alegria. Com o tempo, também teve visões com eles. Embora elas fossem tênues, Joana d'Arc descreveu o Arcanjo Miguel como um belo cavalheiro. Ficava chateada sempre que alguém pedia para ela descrever os santos e os anjos que conseguia ver.

Depois de ser rejeitada quando tentou falar com um general francês, ela teve uma visão das tropas francesas perdendo uma batalha contra os ingleses na cidade de Orléans. Quando essa previsão se realizou, Joana conseguiu encontrar o delfim. Seus exércitos travavam uma batalha perdida contra os britânicos, e ele chegara a um estágio em que estava disposto a tentar qualquer coisa. Joana o convenceu a deixá-la liderar um exército que tinha sido formado para levantar o cerco de Orléans. Cavalgando um cavalo branco e usando uma armadura branca, Joana e seu exército derrotaram os ingleses e os forçaram a bater em retirada. Por causa disso, muitas vezes ela é chamada de Dama de Orléans. Em seguida, ela escoltou o delfim para Reims, onde ele foi coroado Carlos VII. Logo depois, ela foi capturada pelos ingleses e julgada por heresia e feitiçaria. Em seu julgamento, ela contou à corte que via muitos anjos. Joana foi condenada e queimada na fogueira. Suas cinzas foram lançadas no Sena.

O Arcanjo Miguel era considerado o protetor da França enquanto Joana d'Arc crescia. Portanto, ela ouviu falar muito dele, e não é uma surpresa que tenha sido o primeiro anjo com quem ela se comunicou.

## George Washington

Durante o inverno de 1777, George Washington e seus homens se retiraram para o Vale Forge depois de vários encontros desastrosos com o exército britânico. Um dia, Washington trabalhava em sua mesa quando uma luz intensa iluminou a sala. Ele olhou para cima e viu uma bela mulher usando um vestido azul-metálico de pé na sua frente. Ele perguntou quatro vezes o que ela queria, mas não recebeu resposta, exceto por um reles esgar de sobrancelhas. Washington achou impossível se mexer, e até a fala o abandonou enquanto ele olhava em seus olhos. Quando ele contou aos outros sobre a experiência depois, disse que não conseguia pensar, se mexer ou raciocinar. Ele só conseguia olhar para a linda mulher.

A mulher enfim falou: "Filho da República, olha e aprende!" Washington agora podia ver nuvens de vapor a distância. Quando elas se dissiparam, ele conseguiu ver uma enorme planície que continha todos os países do mundo. A mulher repetiu as mesmas palavras de novo, e ele conseguiu ver um anjo negro flutuando no ar entre a América e a Europa. Esse anjo mergulhou suas mãos no oceano e espirrou água na América com a mão direita e na Europa com a esquerda. Uma nuvem negra se formou acima da América e da Europa e se juntou sobre o oceano. Ela então rumou para a América, que ficou envolta em névoa. Washington podia ver raios, também ouvir gemidos e outros sons dos americanos.

O anjo molhou as mãos no oceano novamente e espirrou água na América e na Europa. Isso levou a nuvem negra de volta ao mar, onde ela desapareceu de vista. A estranha mulher disse de novo: "Filho da República, olha e aprende!" Washington olhou para a América e viu aldeias, vilarejos e cidades brotando por toda a sua extensão. A mulher falou mais uma vez: "Filho da República, o fim do século chegou. Olha e aprende". O anjo olhou para o Sul, e Washington viu um espectro se aproximar da América e voar devagar sobre cada assentamento no país. As pessoas saíam de suas casas preparadas para lutar umas contra as outras. Então, Washington viu um anjo com uma coroa de luz em sua testa. Dentro da luz estava a palavra "União". Esse anjo carregava a bandeira americana, que foi colocada entre as facções rivais, e dizia: "Lembrai-vos, vós sois irmãos". Imediatamente, as pessoas abaixaram suas armas e fizeram as pazes.

De novo a mulher disse: "Filho da República, olha e aprende!" O anjo negro soprou uma trombeta três vezes e jogou água na Europa, na Ásia e na África. Nuvens negras espessas saíram de todos os três lugares e se juntaram no céu. Washington podia ver uma luz vermelho-escura nessa nuvem, que revelou milhares de homens armados rumando para a América por terra e mar. A nuvem se moveu até cobrir toda a América, e os exércitos destruíram todas as cidades, vilarejos e aldeias.

Em meio a todo o barulho criado por essas batalhas, George Washington ouviu novamente as palavras: "Filho da República, olha e aprende". O anjo negro outra vez levou a trombeta aos lábios e deu um único e longo sopro.

Na mesma hora, uma luz incrivelmente forte brilhou sobre a cena, e a nuvem negra se dissipou. O anjo – aquele com uma coroa de luz com a palavra "União", a bandeira nacional em uma mão e uma espada na outra –, acompanhado por milhares de espíritos brancos, desceu e se juntou à batalha para ajudar os cidadãos americanos. A estranha voz disse: "Filho da República, olha e aprende". O anjo negro mais uma vez pegou água do oceano e a espirrou em toda a América.

Os vestígios da nuvem negra desapareceram, junto aos exércitos inimigos, e Washington olhou para a América: Triunfante de novo.

Na mesma hora, cidades, vilarejos e aldeias começaram a aparecer, e o anjo com a coroa de luz fincou a bandeira no centro, proclamando em voz alta: "Enquanto houver estrelas e os céus lançarem o bálsamo do orvalho sobre a terra, perdurará a União". Ele tirou sua coroa com a palavra "União" e a colocou na bandeira. Todos se ajoelharam e disseram: "Amém".

Washington escreveu que a cena começou a desvanecer e a desaparecer até só sobrar vapor. Depois de ela sumir, Washington viu a mulher misteriosa de novo. "Filho da República", disse ela. "O que viste deve ser assim interpretado: três grandes perigos ameaçarão a República. O mais temível será o terceiro, mas nesse grande conflito o mundo todo unido não triunfará contra ela. Que todos os filhos da República aprendam a viver para Deus, sua terra e a União."

George Washington, um cristão devoto, acreditou que essa visão lhe mostrou o nascimento, o progresso e o derradeiro destino dos Estados Unidos.

## São Francisco de Assis

São Francisco de Assis é a única pessoa conhecida a receber uma visita de um membro dos serafins, os anjos mais próximos de Deus. Em 14 de setembro de 1224, Francisco jejuava e orava nas montanhas quando viu um serafim com seis asas de fogo brilhantes descer do céu. Francisco e o serafim tiveram uma longa conversa, e depois disso Francisco viu os sinais das chagas de Cristo em seu corpo. São os mesmos ferimentos que Jesus recebeu na cruz, e Francisco foi a primeira pessoa a recebê-los de forma sobrenatural. Nos últimos dois anos de sua vida, ele sentiu uma dor constante como resultado desses ferimentos.

Segundo uma velha lenda, São Francisco foi um dos pouquíssimos humanos a serem transformados em anjo. Dizem que ele se tornou o anjo Rahmiel. O exemplo mais notável de um homem que se converteu em um anjo é o profeta Enoque, que se tornou o grande anjo Metatron. Jacó tornou-se o Arcanjo Uriel, e o profeta Elias transformou-se em Sandalfon. Os membros da Igreja de Jesus Cristo dos Santos dos Últimos Dias acreditam que o anjo Moroni era originalmente um homem com o mesmo nome.

## São João Bosco

São João Bosco tinha um anjo da guarda bem incomum. Ele aparecia na forma de um cão enorme chamado Grigio. João passou sua vida cuidando de meninos de rua em Turim, na Itália. Era um trabalho perigoso, pois muitos dos garotos que João tentava ajudar o roubavam e batiam nele. Os cidadãos locais também não ficaram felizes com o que ele fazia, pois queriam que os meninos morassem em outro lugar, e não em sua vizinhança.

Uma noite, em 1852, João rogou pela ajuda de Deus, pois o trabalho estava difícil demais para ele. Em seguida, notou um grande cachorro cinza ao seu lado. Ele parecia amigável, mas João ficou nervoso porque parecia um lobo. Falou com o cão, que se aproximou dele imediatamente e se colocou ao seu lado. João decidiu chamar o cachorro de Grigio, "cinza" em italiano. O cão acompanhou João por todo o caminho de volta para casa e saiu.

João não viu Grigio até ele ter de caminhar por uma parte perigosa da cidade alguns dias depois. Ele estava nervoso até Grigio aparecer e, de novo, acompanhá-lo até em casa. Isso virou uma rotina. Sempre que João estivesse em uma área perigosa, Grigio aparecia. Uma vez, alguém deu dois tiros em João. Grigio perseguiu o atirador, que fugiu amedrontado. O cão salvou João em várias outras ocasiões também, mas seu principal propósito era acompanhá-lo sempre que ele tivesse um trabalho perigoso.

Em uma ocasião, Grigio recusou-se a deixar João sair de sua casa. João acabou desistindo, pois sabia que o cão tinha um motivo para impedi-lo de sair. Grigio acompanhou São João Bosco por mais de 30 anos, e até depois de sua morte ele continuou a proteger as irmãs da Ordem Salesiana, que João fundou.

## Charles Lindbergh

Charles Lindbergh fez o primeiro voo solo sem escalas sobre o Oceano Atlântico, voando de Nova York para Paris em seu monoplano, o Spirit of St. Louis. Em suas memórias, ele contou como os anjos o ajudaram a fazer esse longo e perigoso voo. "Essas aparições falavam com vozes humanas – formas amigáveis e nebulosas, sem substância, capazes de desaparecer ou aparecer quando quisessem, passar pelas paredes da fuselagem como se lá não houvesse paredes" (LINDBERG, 1953, p. 389).

## Martin Luther King Jr.

Martin Luther King Jr. teve uma experiência angélica aos 27 anos. Ele era um jovem ministro morando com sua esposa, Coretta, e sua filha de dois meses em Montgomery, Alabama. Ele opunha-se à segregação e concordou em liderar o boicote ao sistema de transporte público de Montgomery que tinha começado com a recusa de Rosa Park em ceder seu assento para um homem branco. Porém, King não estava preparado para as ameaças e ofensas que recebeu fazendo isso.

Uma vez, tarde da noite, depois de receber uma ligação ameaçadora horrível, ele foi para a cozinha fazer café. Começou a orar, contando a Deus que não poderia enfrentar isso sozinho. De repente, percebeu que tinha alguém com ele. Sentiu uma presença, seguida de uma voz lhe dizendo que ele não estava sozinho e que foi escolhido para combater a injustiça. Depois disso, sabia que não importava quais dificuldades viessem, ele conseguiria lidar com elas pois tinha o apoio dos anjos.

Ameaçaram bombardear a casa de King se ele não saísse da cidade em três dias. Apenas alguns dias depois da experiência em sua cozinha, alguém jogou uma bomba em sua casa. Felizmente, ninguém se feriu, e King teve uma sensação de paz e determinação. Ele disse à multidão raivosa que se reuniu do lado de fora de sua residência que eles deveriam responder ao ódio com amor e nunca deveriam combater a violência com violência. Suas palavras acalmaram todos, e eles foram para casa sem outros incidentes (WEBBER, 2009).

## Ann Cannady

Em dezembro de 1993, a revista *Time* publicou uma reportagem de capa sobre anjos. Nela havia a história de Ann Cannady, diagnosticada com câncer no útero em 1977. Alguns anos antes, seu marido, Gary, um primeiro sargento da Força Aérea dos Estados Unidos reformado, perdeu sua primeira esposa com a mesma doença. Ele não sabia se teria força o suficiente para passar pela mesma provação de novo. Ann e seu marido passaram oito semanas rezando por ajuda.

Alguém bateu na sua porta três dias antes de Ann ser internada para cirurgia. Quando ela abriu a porta, viu um grande homem negro com "olhos de um azul profundo". Ela estimou que ele tivesse quase dois metros de altura. Esse homem lhe contou que seu nome era Thomas e que o câncer dela tinha sumido. Ann perguntou: "Como você sabe meu nome e que eu tenho câncer?" O homem respondeu: "Sou Thomas. Fui enviado por Deus".

Thomas levantou sua palma direita, e Ann sentiu um calor intenso. Suas pernas cederam, e ela caiu no chão. Uma forte luz branca subiu dos seus pés ao topo de sua cabeça. Thomas citou algumas palavras da Bíblia: "E por suas feridas fomos curados" (Isaías 53:5).

Assim que Thomas foi embora, Ann ligou para seu médico para dizer que ela não precisava mais de cirurgia. O médico lhe disse que eles fariam uma biópsia antes da operação e, se desse positivo, fariam o procedimento. Ann concordou. Depois da biópsia, seu médico entrou no quarto parecendo confuso e intrigado. Ele contou que a biópsia estava completamente limpa e eles mandaram a amostra para outro laboratório para fazer mais testes.

Ann voltou para casa sem câncer, e a doença nunca mais voltou. Esse caso está bem documentado. Até o médico de Ann reconheceu: "testemunhei um milagre médico" (GIBBS, 1993, p. 59-60).

Parece haver mais visitações angélicas atualmente do que antes. No entanto, isso se deve pois é mais fácil anunciar ao mundo sobre uma experiência angélica hoje do que teria sido no passado. Se alguém vivendo em uma cidade pequena há cem anos tivesse visto um anjo, as únicas pessoas que saberiam disso seriam sua família e seus amigos próximos. Hoje, essa notícia seria publicada em todo o mundo em questão de horas.

# Conclusão

Desde o nosso nascimento, somos cercados por anjos. Infelizmente, a maioria os ignora ou desconhece sua presença. As pessoas que vivem suas vidas sem ter conhecimento dos anjos perdem a sensação incrível de alegria e conforto de levar uma existência sagrada. Cada aspecto da sua vida será realçado quando você recebe os anjos em seu mundo. Eles estão presentes para ajudá-lo nos bons e nos maus momentos. Cada encontro angélico que você tem fortalece sua fé e aumenta seu contato com o arquiteto do universo.

Nem sempre é fácil determinar qual anjo você deve invocar em uma situação específica. Em geral, sua primeira escolha deve ser seu anjo da guarda. Se estiver tentando eliminar negatividade da sua vida, deve invocar os anjos dos elementos. Você também deve invocá-los quando precisar de uma energia específica. Os anjos da terra lhe darão uma base. Os anjos do ar lhe darão energia e a habilidade de falar o que vem na mente. Os anjos da água restaurarão seu equilíbrio emocional, e os anjos do fogo lhe darão entusiasmo e um desejo de conhecimento. Os anjos do zodíaco são uma boa escolha quando você planeja o futuro. Você pode invocar os anjos da cura a qualquer hora, principalmente quando se sentir estressado ou extenuado. Também deve invocá-los sempre que você, uma pessoa especial da sua vida, um animal de estimação da família ou até uma planta precisarem, de cura. Da mesma forma, pode pedir a cura para países, cidades e pessoas que nunca conheceu. Provavelmente, você achará mais fácil se comunicar com alguns anjos do que com outros. Isso é esperado, pois cada anjo é diferente, assim como as pessoas. Invista um pouco de tempo e esforço na comunicação com os anjos que não responderem como desejava. Isso pode ser um teste ou você pode estar abordando-os da forma errada. No tempo certo, não terá problemas em se comunicar com qualquer membro do reino angélico.

Agora depende de você. Crie um espaço sagrado e fique disponível para a comunicação angélica sempre que estiver dentro dele. Continue aguardando com pensamento positivo e aberto à comunicação angélica. Você provavelmente receberá as mensagens como pensamentos, intuições ou sonhos. Quando estiver se comunicando com anjos, terá uma sensação do místico. Albert Einstein, o grande físico e filósofo, escreveu:

"A emoção mais bela e profunda que podemos sentir é a sensação do místico. É a raiz de toda a verdadeira ciência. Aquele que desconhece essa emoção, que é incapaz de se maravilhar e se sentir arrebatado pela admiração, está praticamente morto. Saber que o que nos é incompreensível realmente existe, manifestando-se como a sabedoria mais elevada e a beleza mais radiante que nossas faculdades embotadas podem compreender apenas em suas formas primitivas – esse conhecimento, essa sensação estão no centro da verdadeira religiosidade." (EINSTEIN, 1937, p. 6).

Desejo a todos tudo de bom em suas explorações no mundo angélico. Que você possa sentir o místico em todos os dias da sua vida.

# Apêndice A

# Anjos na Arte, na Literatura e na Música

Os anjos desempenham um papel importante na arte e na literatura há milênios. As imagens mais antigas de figuras aladas que podem ser anjos são de esculturas feitas no Antigo Egito há aproximadamente 6 mil anos. Isso é antes do livro do Êxodo da Bíblia. Dois querubins esculpidos guardavam a Arca da Aliança no Templo de Salomão. Os babilônios destruíram o templo em 586 a.C., e a Arca e os querubins foram destruídos ou perdidos. Anjos, ou figuras angelicais, podem ser vistos na mitologia clássica, no Zoroastrismo, no Hinduísmo, no Budismo e no Taoismo.

Os antigos gregos e romanos retratavam figuras aladas muito antes do início do Cristianismo. Eros, o deus grego do amor, é um bom exemplo disso. Ele é sempre retratado como um jovem com asas. A deusa Nice [Nike em grego], ou Vitória, era geralmente representada com asas, estimulando os atletas a vencer. A segunda obra mais popular no Museu do Louvre, em Paris, é uma escultura de Nice de 2,75 metros de altura, que remonta a cerca de 190 a.C. Nice foi uma deusa popular tanto na Grécia como em Roma.

### Anjos na arte

Os anjos que imaginamos hoje são baseados na arte dos primeiros artistas cristãos. Embora haja exceções, em geral, os artistas judaicos e islâmicos tinham relutância em retratar anjos em suas obras. Isso por causa da preocupação de que criar imagens sagradas pudesse estimular as pessoas a adorá-las.

As representações cristãs de anjos mais antigas remontam ao século III. No entanto, eles só foram mostrados com asas um século mais tarde. Os mosaicos do início do século V na nave da Basílica de Santa Maria Maggiore em Roma mostram um grande número de anjos vestidos com togas brancas, com auréolas e asas (FLETCHER, 2016).

Em geral, os artistas cristãos tinham dois propósitos principais. Suas pinturas, afrescos, murais e esculturas eram usados para embelezar as igrejas. Além disso, em uma época em que a maioria das pessoas era analfabeta, essas obras de arte ajudavam-nas a aprender e lembrar de importantes eventos da Bíblia. Os anjos muitas vezes eram usados para as pinturas parecerem sagradas e religiosas e apareciam ao fundo. Outras pinturas tinham anjos em retratos dos Onze Atos dos Santos Anjos:

1. *A Queda de Lúcifer.* Esta é a história da expulsão de Lúcifer do céu (Apocalipse 12:3-4). William Blake e Gustave Doré são dois artistas que retrataram esse incidente. Uma poderosa estátua moderna da queda de Lúcifer do artista inglês Paul Fryer pode ser vista na Igreja da Santíssima Trindade em Marylebone, Londres.

2. *A Expulsão de Adão e Eva do Jardim do Éden.* Quando Adão foi expulso do Jardim do Éden, Deus colocou querubins no lado leste do jardim, junto a uma espada flamejante, para guardar o caminho para a Árvore da Vida (Gênesis 3:24). Provavelmente, o retrato mais famoso desse acontecimento seja aquele pintado por Masaccio em 1425. Ele pode ser visto na igreja de Santa Maria del Carmine, em Florença.

3. *Três Anjos Visitam Abraão.* Abraão foi visitado por três anjos que lhe contaram que sua esposa idosa ficaria grávida e daria à luz um filho chamado Isaac (Gênesis 18). Os três anjos não foram identificados, mas o Talmude diz que eles são Miguel, Gabriel e Rafael (Bava Metzia 86b). O exemplo mais belo desse tema que eu já vi é a pintura de Rafael no Vaticano na qual três jovens (os anjos) estão de frente a Abraão ajoelhado. Os jovens não têm asas, mas é óbvio que são anjos. Essa obra é

completamente diferente da pintura de Murillo sobre o mesmo tema, na qual os três homens parecem ser viajantes em vez de mensageiros divinos. (Essa pintura pode ser vista na Galeria Nacional do Canadá, em Ottawa.) Marc Chagall, que era fascinado por anjos, pintou uma versão moderna com anjos alados em 1931. O quadro está no Musée National Message Biblique Marc Chagall, em Nice.

4. *O Anjo do Senhor Impede Abraão de Sacrificar Seu Filho.* Deus tentou Abraão pedindo-lhe que sacrificasse seu único filho, Isaac. Depois de Abraão colocar Isaac amarrado no altar, ele pegou uma faca para matá-lo. Um anjo do Senhor disse-lhe que ele demonstrou sua devoção e não deveria continuar com o sacrifício (Gênesis 22:12). Abraão sacrificou um cordeiro em vez de seu filho. Rembrandt e Caravaggio são dois dos muitos artistas que pintaram essa cena.

5. *Jacó Luta com um Anjo.* Jacó passou uma noite inteira lutando com um anjo. Quando rompeu a aurora e o anjo percebeu que não conseguiria derrotá-lo, ele tocou na coxa de Jacó e a deslocou. O anjo abençoou Jacó, mas se recusou a dizer seu nome (Gênesis 32:24-30). Rembrandt, Eugène Delacroix e Paul Gauguin produziram obras de arte baseadas nessa história.

6. *Anjos Subindo e Descendo pela Escada de Jacó.* Jacó tinha um sonho no qual ele via uma escada que ia desde a Terra até o céu. Anjos subiam e desciam por ela (Gênesis 28:12-13). O afresco do pintor Rafael no teto de um aposento do Palácio Apostólico na Cidade do Vaticano é provavelmente o exemplo mais famoso desse tema. A escada de Rafael mostra apenas alguns anjos. Alguns retratos mostram a escada transbordando de anjos.

7. *Sidrac, Misac e Abdênago São Salvos de uma Fornalha Acesa.* Sidrac, Misac e Abdênago eram três jovens que se recusaram a reverenciar o rei Nabucodonosor. Por causa disso, eles foram amarrados e jogados em uma fornalha acesa. O rei ficou perturbado quando olhou para a fornalha e viu quatro homens desamarrados andando no meio da fornalha. Um deles era um anjo (Daniel 3:23-28). O quadro do artista inglês J. M. W. Turner dessa cena está na Tate Gallery, em Londres.

8. *Um Anjo Mata Todo o Exército de Senaquerib.* Quando Senaquerib, rei assírio, ameaçou Ezequias, rei de Judá, Ezequias rogou a Deus por ajuda. O anjo do Senhor destruiu todas as forças de Senaquerib durante a noite (2 Reis 19:35). Leigh Hunt e Peter Paul Rubens são dois artistas que pintaram essa cena.
9. *Rafael protege Tobias.* Esses quadros narram a história das viagens de Tobias. O Arcanjo Rafael aconselhou e protegeu Tobias durante a viagem e até lhe disse como curar a cegueira de seu pai (Tobias 5:4). Rembrandt pintou muitos quadros com base nessa história.
10. *A Punição de Heliodoro.* Esta história é do segundo livro dos Macabeus, outro livro dos Apócrifos. Heliodoro, o superintendente do rei Seleuco, foi enviado para coletar dinheiro que iria para os pobres do Templo em Jerusalém. Ele foi derrotado por dois anjos e sobreviveu apenas porque Onias, o sumo sacerdote, orou por ele (2 Macabeus 3). No Palácio Apostólico no Vaticano, há um famoso afresco dessa história criado pelo pintor Rafael. Aliás, no teto desse aposento fica um afresco da Escada de Jacó, também de Rafael.
11. *A Anunciação.* A Anunciação é uma das histórias bíblicas mais famosas envolvendo anjos. Ela conta a história de como Gabriel visitou Maria e disse-lhe que ela daria à luz um filho que deveria chamar de Jesus (Lucas 1:26-33). A Anunciação foi retratada por vários pintores e escultores desde pelo menos o século XI, quando foi esboçada em "escultura gótica e vitral" (JAMESON, 1890, p. 211). Um bom exemplo dessa cena é "A Anunciação", uma xilogravura de Albrecht Dürer. O quadro da Anunciação de Michelangelo é uma das únicas vezes em que ele desenhou um anjo com asas. Rafael, Johan van Eyk, Rembrandt, Poussin e Tintoretto são apenas alguns dos muitos artistas que pintaram essa cena.

Artistas medievais estavam preocupados apenas em transmitir sua mensagem espiritual e, por isso, suas figuras pareciam duras e sem vida. Como o tempo não existe no reino angélico, os anjos eram retratados em geral como belos jovens que nunca envelheciam. As hierarquias dos anjos eram muitas vezes representadas com círculos em suas cabeças, com cada anjo tendo duas, quatro ou seis asas. É raro ver mais do que os dois círculos de serafins e querubins. Os artistas chamavam-nos de "glória dos anjos". Um exemplo particularmente impressionante é o quadro renascentista *A Coroação da Virgem*, do artista italiano Ambrogio Bergognone. Os anjos estão envoltos em mantos e tocam instrumentos musicais. Como dizem haver coros angélicos no céu, não é surpresa os anjos serem muitas vezes retratados cantando ou tocando vários instrumentos.

Giotto foi um dos primeiros artistas a dar personalidade a essas figuras e fazê-las parecer vivas. Ele foi um artista prolífico que pintou muitas representações de anjos. Seu quadro *A Fuga para o Egito* mostra um anjo voando que está protegendo Jesus, Maria e José. Fra Angelico ("Irmão Angélico") foi um monge dominicano que ganhou seu apelido de seus colegas. Ele foi um dos primeiros artistas a pintar anjos na forma feminina. Leonardo da Vinci pintava anjos que pareciam estar prestes a sorrir. O pintor Rafael recebeu o nome do grande arcanjo e pintou vários anjos quando adulto. Seus anjos não tinham gênero e, às vezes, nem asas. Michelangelo, o artista e escultor renascentista italiano, também recebeu o nome de um anjo. Sua pintura no teto da Capela Sistina é provavelmente a obra de arte com anjos mais famosa. Os anjos pintados por Correggio pareciam lindas crianças.

Mais recentemente, August Rodin, o escultor francês, criou anjos que pareciam ter vida. Max Ernst, fundador do dadaísmo alemão, pintou muitos anjos, assim como Paul Klee, o artista suíço. O artista atual mais notável a pintar anjos foi o russo Marc Chagall, que era obcecado por eles. Uma de suas obras mais famosas é *A Queda de um Anjo*.

Os anjos são tão populares na arte cristã que, em certos momentos, parecem estar em todos os lugares. Em uma visita recente à Abadia de Westminster, em Londres, fiquei fascinado pelo friso com anjos na Capela de Henrique VII. Os anjos estão vestidos com mantos, e as faixas em volta de suas cinturas estão amarradas com nós soltos.

## Anjos na literatura

Os artistas plásticos fizeram muito para criar nossa percepção de como os anjos se parecem. Os escritores também contribuíram. *Paraíso Perdido*, de John Milton, é um ótimo exemplo. Há mais de cem anos, o poeta inglês Francis Thompson escreveu essa introdução para "Ex Ore Infantium":

> Pequeno Jesus, foste tímido
> Alguma vez, e tão pequeno como sou?
> E como era se sentir
> Fora do céu, assim como eu?
> Pensaste alguma vez sobre lá,
> E perguntaste onde os anjos estão? (THOMPSON, 1893)

Na parte *Paraíso* de seu poema épico *A Divina Comédia*, Dante Alighieri, poeta italiano, usou de grande sensibilidade quando escreveu sobre os anjos no paraíso. Quando Beatriz, que no poema é o anjo da guarda de Dante, o levou para ver o céu, ele descreveu os anjos assim:

> Nas faces refulgia uma vívida chama
> suas asas de ouro, em tudo o mais tanta alvura
> que a neve jamais se compara.
> (*Paraíso*, canto 31, linhas 13-15)

William Shakespeare mencionou anjos duas vezes em *Hamlet*. A primeira menção é no ato 1, cena 4, quando Hamlet diz: "Anjos e ministros da graça, defendei-nos!" (verso 39). No ato final, Horácio despede-se de Hamlet, seu amigo morto: "Boa noite, doce príncipe, e que hostes de anjos cantem a ti em teu descanso!" (ato 5, cena 2, versos 351-352).

John Milton escreveu o épico *Paraíso Perdido*. Seus personagens principais são anjos. A história de Milton explica como os seres humanos caíram em desgraça. Satanás e outros anjos caídos tramaram para fazer Adão comer o fruto proibido. Rafael visitou Adão e Eva e lhes disse para não desobedecer à vontade de Deus. Na sua conversa, Rafael contou a Adão sobre a guerra no céu, e como Satanás e seus defensores foram enviados ao inferno. Infelizmente, Adão e Eva comem o fruto e Miguel os acompanha para fora do paraíso. Felizmente, Miguel consolou Adão contando-lhe sobre o futuro até o nascimento de Cristo. Adão ficou contente em aprender que no futuro todos teriam a oportunidade de se tornarem cristãos.

Sem dúvida, esse poema imensamente popular incluía as ideias nada ortodoxas de Milton sobre os anjos. Em *Paraíso Perdido*, os anjos comem e às vezes sangram. Rafael contou a Adão que eles até faziam sexo:

> Basta-te que saibas
> Que nós somos ditosos e onde amor não há, jamais há dita...
> Mais fácil do que ar com ar, abraçam-se os espíritos,
> E se unem, pureza com pureza misturando
> Desejando, com desenfreado movimento
> Como carne se une com carne ou alma com alma.
> (Livro 8, 623-628)

No início do século XIX, diversos poetas escreveram poemas épicos sobre temas bíblicos, principalmente a história de Enoque e sua ascensão aos céus e a queda dos Vigias, os anjos lascivos que vieram à Terra fazer amor com os seres humanos. *The World Before the Flood*, de James Montgomery, foi publicado em 1813. Foi seguido por *The Angel of the World*, de George Croly, em 1820; *Irad and Adah, a Tale of the Flood*, de Thomas Dale, em 1821; *The Loves of the Angels*, de Thomas Moore, em 1822; e *Heaven and Earth*, de Lord Byron, em 1823. Esses poemas raramente são lidos hoje, mas foram muito populares na sua época.

Aliás, Lord Byron também usou o humor ao escrever sobre os anjos, como mostra este exemplo de *The Vision of Judgement*, de Quevedo Redivivus (pseudônimo):

> Os anjos todos desafinados cantavam,
> E roucos por não terem mais nada a fazer,
> Exceto sol e lua içar
> Ou uma ou duas estrelas cadentes refrear. (BYRON, 1828, p. 487)

O poema *Abou Ben Adhem*, de Leigh Hunt, sobre tolerância racial e religiosa, tornou-se um dos escritos sobre anjos mais populares de todos. Ele começa assim:

> Abou Ben Adhem (possa sua tribo aumentar!)
> Despertou certa noite de um sonho profundo de paz,
> E viu, à luz do luar que entrava em seu quarto,

Tornando-o magnífico como um lírio desabrochado,
Um anjo escrevendo em um livro de ouro.
(Citado em *By Heart*, 1965, versos 1-5)

Emily Dickinson, a poetisa norte-americana, escreveu muito sobre anjos. Eu particularmente gosto de *Angels in the Early Morning*, que descreve anjos sorrindo e colhendo flores.

Outro famoso poema sobre anjos é *Sandalphon*, de Henry Wadsworth Longfellow, cuja primeira estrofe é:

No Talmude dos antigos você leu,
Nas lendas dos Rabinos soube
　Dos reinos ilimitados do ar,
Você leu – a maravilhosa história
De Sandalfon, o Anjo da Glória,
　Sandalfon, o Anjo da Oração? (LONGFELLOW, 1858)

Romancistas também escreveram sobre o céu e os anjos. Mark Twain, eminente autor norte-americano, escreveu o livro *Captain Stormfield's Visit to Heaven*, que conta a história de um capitão ríspido que morre e vai para o céu. Assim que chega lá, ele exige sua auréola e sua harpa. Usando seu famoso senso de humor, Mark Twain gentilmente ironiza a visão tradicional dos anjos.

Ele também escreveu um conto chamado "A Singular Episode: the Reception of Sam Jones in Heaven". Nessa história, o arcebispo de Canterbury descobre que os anjos falam chinês com um "sotaque celestial". Sam Jones rouba a passagem de trem do arcebispo e a substitui pela sua. Por isso, eles são confundidos no céu, e Sam prega a todos lá usando uma "linguagem que fazia o lugar estremecer completamente". Em menos de uma semana, todos abandonaram o céu, deixando Sam Jones sozinho.

George Bernard Shaw, o dramaturgo inglês, também tinha um ótimo senso de humor. Ele escreveu um conto chamado *Aerial Football: The New Game*, que conta a história das almas de um arrogante bispo inglês e sua faxineira. Ele chegou ao céu esperando ser tratado com o mesmo respeito e reverência com que era tratado na terra. Quando descobriu que o mesmo tratamento era dado a todos insdistintamente, foi embora. No entanto, logo retorna. Ele tirou sua mitra, enfiou o avental de bispo para dentro das calças, e, com um grande berro, a chutou para o ar. Todos os anjos e santos gritaram também, e logo eles estavam jogando futebol usando sua mitra como bola.

A maioria das histórias sobre anjos não são cômicas. *Um Senhor Muito Velho com Asas Enormes*, um conto do autor colombiano Gabriel García Márquez, narra a história de um anjo velho e confuso que é encontrado por um casal em seu quintal. Eles percebem que é um anjo e o mantêm em seu galinheiro por vários anos. As pessoas vão visitá-lo e até roubam penas de suas asas, esperando por um milagre. Por fim, o casal começa a cobrar para as pessoas verem o anjo. Uma feira itinerante de aberrações chega à vila, e os habitantes perdem o interesse no anjo e se reúnem para ver uma mulher-aranha e outras atrações. O anjo finalmente começa a recobrar a força. Suas penas voltam a crescer, e ele passa as noites cantando canções de navegantes. Um dia, ele estica suas asas e voa de volta para o céu. A moral da história é que os seres humanos não apreciam as maravilhas incríveis que nos cercam.

Bernard Malamud escreveu um conto chamado *The Angel Levine*, sobre um alfaiate judeu em Nova York e seu anjo da guarda negro. A princípio, o alfaiate se recusa a acreditar que seu anjo da guarda é na verdade um anjo. Só quando os problemas continuam a se acumular que ele finalmente deixa seu anjo da guarda ajudá-lo. Essa história virou um filme estrelado por Zero Mostel e Harry Belafonte em 1970.

*This Present Darkness*, de Frank Peretti, um famoso e prolífico escritor cristão, foi publicado em 1986. Narra a história de anjos que subjugam demônios em uma pequena cidade universitária. Esse livro ficou na lista dos dez mais vendidos da Christian Booksellers Association [Associação de Editores Cristãos] por mais de 150 semanas e vendeu mais de 2 milhões de cópias. Uma sequência, *Piercing the Darkness*, foi lançada em 1989.

*The Vintner's Luck*, da autora neozelandesa Elizabeth Knox, tornou-se um sucesso mundial em 1998. Narra a história de Xas, um anjo homossexual, e seu romance com Sobran Jodeau, um pobre vinicultor francês, no início do século XIX. Eles se conhecem quando Xas ajuda Jodeau, que estava prestes a cair em um estupor ébrio. Jodeau se convence de que Xas é seu anjo da guarda, e os dois se encontram uma vez ao ano por décadas. O livro é em grande parte uma história sobre o amor que Jodeau tem por sua esposa, sua amante e seu anjo. *The Vintner's Luck* ganhou uma versão no cinema (*A Sorte do Vinicultor*) em 2009.

Histórias sobre anjos tornaram-se cada vez mais populares nos últimos 20 anos. Muitas delas desafiam as crenças tradicionais sobre os anjos, e incluem romances e aventuras com anjos desempenhando os papéis principais. Exemplos disso são a trilogia *Beijada por um Anjo*, de Elizabeth Chandler, e *Angelologia* e *Angelópolis*, de Danielle Trussoni. Com uma abordagem mais humorística, o romance infantil *O Anjo Inacabado*, de Sharon Creech, narra a história de um anjo que claramente não tem alguns dos atributos angelicais comuns, incluindo a habilidade de falar sem errar ou inventar palavras.

## Anjos no cinema

Os anjos apareceram em muitos filmes ao longo dos anos. Na minha opinião, o melhor deles é o popular *A Felicidade não se Compra*, lançado em 1946. O único filme norte-americano sobre anjos que o precedeu foi o ganhador do Oscar *Que Espere o Céu*, lançado em 1941. Ele narra a história de um jovem boxeador chamado Joe, que sofre um acidente de avião a caminho de uma luta. Seu anjo da guarda o transporta para o céu. Por ter morrido 50 anos antes do que deveria, ele recebe uma nova vida como um milionário brincalhão.

O incrível filme *A Felicidade não se Compra*, de Frank Capra, com Jimmy Stewart no papel principal, ainda é popular mesmo tendo sido lançado em 1946. George Bailey, que dedicou sua vida a ajudar os cidadãos de sua pequena cidade, está prestes a cometer suicídio por se sentir culpado pela perda de 8 mil dólares de seu pequeno negócio. Seu anjo da guarda, Clarence, que veio à Terra para ganhar suas asas, ajuda o homem deprimido mostrando-lhe como o mundo seria se ele nunca tivesse existido.

*Anjos e Piratas* (1951) é outro filme popular sobre anjos. Foi tão popular que ganhou um *remake* chamado *Os Anjos Entram em Campo* em 1994. Esse filme narra como um grupo de anjos reverte uma má temporada de um time da liga de beisebol e ganha o campeonato. Esse interesse angélico no beisebol acontece porque um garotinho pergunta para seu pai quando eles serão uma família de novo. Ele responde: "Quando os Anjos ganharem o campeonato". O menino leva as palavras de seu pai ao pé da letra e roga a Deus por ajuda para os Anjos vencerem. (Na versão original de 1951, era uma jovem órfã que via os anjos.)

*Michael – Anjo e Sedutor* (1996) tem John Travolta como o Arcanjo Miguel que mora com uma mulher idosa em uma parte remota de Iowa. Dois jornalistas são enviados para investigar e descobrir que Michael, na verdade, tem asas, mas também possui uma libido ativa, uma queda por cerveja e uma linguagem chula.

*Gabriel – A Vingança de um Anjo* (2007) se passa no purgatório. Gabriel assume uma forma humana para tentar devolver a luz a um lugar que ficou sombrio e perigoso. Seis arcanjos já tentaram fazer isso, sem sucesso. Ele precisa derrotar Samael, um anjo caído, para o bem vencer o mal.

*Legião* (2010) é a história de um grande número de anjos enviados por Deus para iniciar o apocalipse. O Arcanjo Miguel não fica feliz com essa decisão e, junto a um grupo de estranhos que conhece em uma lanchonete, tenta salvar o mundo.

Há muitos filmes com anjos maus e diversos outros que envolvem anjos que querem se tornar humanos, em geral depois de terem se apaixonado por uma pessoa. Um bom exemplo disso é o filme alemão *Asas do Desejo* (1987), que narra a história de um anjo que se apaixona por uma humana e quer se tornar mortal. Não há garantias de que ele encontrará o objeto de seu amor depois de se tornar humano. *Asas do Desejo* ganhou uma versão em inglês chamada *Cidade dos Anjos* em 1998. *Casei-me com um Anjo* (1942), *Encontro com um Anjo* (1987), *Além da Eternidade* (1989) e *Tão Longe, Tão Perto* (1993) são apenas alguns dos filmes sobre atração romântica entre um anjo e um humano.

## Anjos na televisão

Os anjos também são populares nas séries de TV. Michael Landon, que já tinha estrelado *Bonanza* e *Os Pioneiros*, representou um anjo chamado Jonathan Smith na famosa série *O Homem que Veio do Céu*, que foi ao ar de 1984 a 1989.

A popularíssima série de drama *O Toque de um Anjo* foi ao ar de 1994 a 2003. Os personagens principais são três anjos enviados à Terra para lembrar as pessoas de que Deus não se esqueceu delas e ainda as ama.

*Dominion*, um drama pós-apocalíptico, teve duas temporadas de 2014 a 2015. Essa série tem dois arcanjos, Gabriel e Miguel, lutando um contra o outro depois do desaparecimento de Deus.

*Angels in America* (2003) é uma minissérie da HBO sobre seis nova-iorquinos cujas vidas se entrelaçam de diferentes formas. Um dos personagens é um homossexual soropositivo que é visitado por um anjo com motivos ocultos.

*Fallen* (2006) é uma minissérie sobre um adolescente que descobre ser um nefilim (parte anjo, parte mortal) e tenta levar uma vida normal, apesar de precisar fugir de anjos guerreiros que são dedicados a exterminar todos os nefilins.

## Anjos na música clássica

Os compositores tentaram ilustrar o som de anjos cantando desde pelo menos a época de Giovanni Palestrina, compositor do século XVI. Acredita-se que ele tenha composto *Missa Papae Marcelli* depois de ouvir vozes de anjos cantando a introdução para ele. No "Sanctus", em sua Missa em Si Menor, Johann Sebastian Bach usou escalas ascendentes, temas repetidos e a harmonia para ilustrar as diferentes categorias de anjos. *O Messias*, de George Frideric Händel, tem várias referências a anjos, incluindo "Glória a Deus". Richard Wagner escreveu uma música sobre um anjo da guarda, *Der Engel* ("O Anjo"). O último movimento da Sinfonia nº 8 em mi bemol maior ("Sinfonia de um Mil") de Gustav Holst inclui um coro angélico. Em uma de suas óperas menos famosas, *Giovanna d'Arco* (Joana d'Arc), Giuseppe Verdi contrasta os anjos bons e maus pelo tipo de música que eles cantam. Os anjos bons cantam música sagrada, e os maus, música profana digna de um bordel. A Quarta Sinfonia de Gustav Mahler tem uma soprano como um anjo celebrando a alegria divina. Aliás, ele também usou motivos angelicais nas segunda e terceira sinfonias. Sergei Prokofiev escreveu *O Anjo de Fogo*, uma ópera que só foi encenada depois da sua morte. Em vez de desperdiçar a música, ele usou um pouco dela em sua Terceira Sinfonia. Parte dessa música envolve um anjo que leva melodia para uma garota.

## Anjos em hinos e cantigas natalinas

Não é nenhuma surpresa os anjos aparecerem muito nas músicas que celebram o Natal. Possivelmente, a primeira cantiga a citar os anjos é "The Angel's Song", de Orlando Gibbons. Desde então, muitas cansões natalinas cristãs mencionaram anjos. Entre elas estão: "Angels from the Realms of Glory", "Angels We Have Heard on High", "Go Tell It on the Mountain", "God Rest Ye Merry Gentlemen", "Hark! The Herald Angels Sing", "It Came upon a Midnight Clear", "I Saw Three Ships", "I Wonder as I Wander", "Mary's Boy Child", "O Come All Ye Faithful", "O Holy Night", "O Little Town of Bethlehem", "Once in Royal David's City", "Silent Night", "The First Noel", "What Child Is This?" e "While Shepherds Watch Their Flocks".

## Anjos na música popular

Os anjos são mencionados muitas vezes na música popular. A música doo-wop "Earth Angel" foi um sucesso dos Penguins em 1954. "My Special Angel", de Bobby Helms, fez sucesso em 1957. Em 1960, Rosie and the Originals lançaram "Angel Baby". Essa música foi um sucesso enorme para Rosie Hamlin, na época com 15 anos, e ficou nas paradas por 12 semanas. John Lennon gravou sua versão da música em 1973. A triste balada "Teen Angel" chegou ao topo da parada Hot 100 da *Billboard* em fevereiro de 1960. "Pretty Little Angel Eyes" foi gravada por Curtis Lee em 1961. "Johnny Angel" foi a música de estreia de Shelley Fabares em 1962. Ela era a filha de Donna Reed no *The Donna Reed Show* e a cantou pela primeira vez no programa. Elvis Presley lançou "(You're the) Devil in Disguise" em 1963. Ela incluía o verso "You walk like an angel" ["Você anda como um anjo"]. "Angel of the Morning" tornou-se um sucesso mundial em 1968 e foi regravada por muitos artistas ao longo dos anos. "Seven Spanish Angels" foi gravada por Ray Charles e Willie Nelson em 1984. O ABBA lançou "I Have a Dream" no fim de 1979. Ela incluía uma estrofe que começava com o verso "I believe in angels" ["Eu acredito em anjos"].

Madonna compôs e gravou "Angel" em 1985. Uma das canções mais populares no *Fantasma da Ópera* (1986), de Andrew Lloyd Webber, é "Angel of Music". Em 1988, Bette Midler fez um sucesso internacional com uma música que quase poderia ser chamada de canção angelical, "Wind Beneath My Wings". "Angel Eyes", da The Jeff Healey Band, foi a 17ª música mais popular nos Estados Unidos em 1989. "How Do You Talk to an Angel", com Jamie Walters como vocalista, ficou no topo da parada Hot 100 da *Billboard* em novembro de 1992. Foi o tema da série de TV *The Heights*, que foi ao ar de agosto a novembro de 1992. Em 1997, "Angel of Mine" foi gravada pelo grupo de garotas britânico Eternal. A versão norte-americana, lançada por Monica em 1998, chegou ao número um e se tornou o 62ª single mais popular na parada da década de 1990 nos Estados Unidos. O maior sucesso de Robbie Williams, "Angel", que ele compôs com Guy Chambers, tornou-se seu single mais vendido em 1997. Parece que eles escreveram essa canção em menos de 25 minutos.

Muitas músicas country fazem referências a anjos. Entre elas estão: "I Can See an Angel", de Patsy Cline; "Angels Watching Over Me", de The Oak Ridge Boys; "Angel Flying Too Close to the Ground", de Willie Nelson; "Angels", de Randy Travis; e "And the Angels Cried", de Alan Jackson e Alison Krauss.

# Apêndice B

# Anjos para Diferentes Propósitos

Ao longo dos anos, milhares de anjos foram denominados. Muitos deles têm um forte interesse em certos assuntos e podem ser invocados sempre que você precisar de ajuda em uma área específica. Segue uma lista de propósitos diferentes e os anjos associados com eles:

*Adivinhação:* Adad, Isaiel, Paschar, Teiaiel

*Adversidade:* Caliel, Sitael

*Amizade:* Amnediel, Anael, Cambiel, Charmeine, Mebahel

*Amor:* Adriel, Amnediel, Anael, Ardifiel, Asmodel, Charmeine, Donquel, Gabriel, Hagiel, Nilaihah, Rachiel, Rafael, Rahmiel, Theliel, Uziel

*Animais (proteção e cura):* Afriel, Behemiel, Hariel, Jehiel, Nemamiah

*Arrependimento:* Miguel, Penuel, Rafael, Shepherd

*Artes (sucesso):* Akriel, Haamiah, Hariel

*Aves (proteção):* Anpiel

*Bênçãos (envio):* Hael

*Boa sorte:* Barchiel, Poiel

*Casamento (harmonioso):* Amnixiel, Gabriel

*Ciência:* Hariel, Rafael

*Ciúme (para se livrar):* Ariel, Gabriel, Uriel

*Compaixão:* Hanael, Rafael, Rahmiel, Sophia, Tiphareth

*Comunicação:* Iezalel
*Concepção:* Armisael, Lailah
*Confiança:* Ihiazel, Vehujah
*Conhecimento:* Asaliah, Rafael, Raziel, Uriel
*Contemplação:* Cassiel
*Coragem:* Chamuel, Malahidael, Metatron, Miguel, Rafael, Samael
*Crença:* Tezalel
*Crianças:* Nemamiah
*Criatividade:* Anael, Asariel, Jofiel, Liwel, Teiazel, Vehael
*Cura:* Ariel, Gabriel, Miguel, Rafael, Sariel, Uriel
*Dinheiro:* Anauel, Zadkiel
*Divórcio:* Bethnael, Gabriel, Miguel, Pallas, Rafael, Uriel
*Doença (mental e física):* Alimon
*Emoções (controle):* Muriel
*Emprego:* Anauel, Uriel
*Espiritualidade:* Elemiah, Haamiah, Jegudiel, Micah
*Esquecimento:* Ansiel, Pathiel
*Estresse:* Rafael
*Estudo:* Akriel, Asaliah, Harahel, Iahhel, Metatron, Miguel, Pallas, Rafael, Uriel, Vesta, Zacariel
*Família:* Jeliel, Verchiel
*Fé (encorajar):* Abadiel, Raguel, Uziel
*Felicidade:* Eiael, Lauviah, Nilaihah
*Fertilidade:* Abariel, Akriel, Anahita, Armisael, Borachiel, Gabriel, Samandriel
*Filosofia:* Mebahiah
*Gravidez (proteção durante):* Avartiel, Badpatiel, Lailah
*Habilidades psíquicas (desenvolvimento):* Amael, Azrael, Colopatiron, Paschar, Remiel
*Harmonia (entre as pessoas):* Cassiel, Gavreel, Haziel
*Impulsividade:* Caliel
*Independência:* Adnachiel

*Intelecto:* Asaliah, Zacariel
*Itens perdidos:* Rochel
*Jardinagem:* Ariel, Uriel
*Justiça:* Soterasiel
*Lágrimas:* Sandalfon
*Lar:* Cahatel, Iezalel, Uriel
*Liberdade:* Terathel
*Lucidez:* Hakamiah
*Mal (afastar):* Ambriel
*Mau olhado (prevenção):* Rahmiel, Sariel
*Meditação:* Iahhel
*Memória:* Zadkiel
*Moralidade:* Pahaliah
*Música:* Israfil, Sandalfon
*Nascimento:* Amariel, Armisael, Gabriel, Rachmiel, Temeluch, Zuriel
*Negócios (sucesso):* Anauel, Ieiaiel, Mihr
*Obediência:* Mitzrael
*Ódio (eliminar):* Gabriel
*Oração:* anjo da guarda, Gabriel, Miguel, Rafael, Salaphiel
*Orientação:* Sariel
*Paciência:* Achaiah, Gabriel
*Paixão (invocar):* Miniel
*Paz:* Cassiel, Gabriel, Gavreel, Melquisedeque, Valoel
*Paz interior:* Gavreel
*Perdão:* Balthial, Chamuel, Uziel
*Persistência:* Samael
*Propriedade:* Adriel
*Prosperidade:* Anauel, Ariel, Barbelo, Sachiel, Uriel
*Proteção:* Ambriel, anjo da guarda, arcanjos, Melahel
*Punição (adequada):* Hutriel
*Purificação:* Tahariel

*Raiva (controle):* Affafniel, Hemah, Qispiel
*Sabedoria:* Damabiah, Sagnessagiel
*Saúde (boa):* Lelahel
*Sensibilidade:* Umabel
*Serenidade:* Cassiel
*Solução de problemas:* Achaiah, Jeliel
*Sonhos (encorajar):* Gabriel
*Sono (estímulo):* Gabriel, Rafael
*Sucesso:* Gazriel, Malkiel, Perpetiel
*Verdade:* Amitiel
*Viagem:* Elemiah
*Vícios (recuperação):* Baglis, Rafael, Uriel

# Referências Bibliográficas

ADLER, Mortimer J. *The Angels and Us*. New York: Macmillan, 1982.

ANSELM. *Anselm of Canterbury:* the Major Works. Editado por Brian Davies e G. R. Evans. Oxford: Oxford University Press, 2008.

ALIGHIERI, Dante. *The Divine Comedy, Part 3:* Paradise. Traduzindo por Dorothy L. Sayers e Barbara Reynolds. London: Penguin Books, 1962.

_____ *Dante:* Paradiso. Traduzido e editado por Robin Kirkpatrick. London: Penguin Books, 2007.

AQUINO, Tomás de. *Summa Theologica*. Traduzido por The Fathers of the English Dominican Province. Internet Sacred Text Archive. 1974. Disponível em: <http://www.sacred-texts.com/chr/aquinas/summa/index.htm>. Acesso em: 14 jul. 2016.

BAQLI, Ruzbihan. *The Unveiling of Secrets:* Diary of a Sufi Master. Traduzido por Carl W. Ernst. Chapel Hill: Parvardigar Press, 1997.

BARRETT, Francis. *The Magus*. Wellingborough: Aquarian Press, (1801) 1989.

BARTH, Karl. *Church Dogmatics*. Traduzido por G. W. Bromiley e R. J. Ehrlich. Edinburgh: T & T Clark, 1960. vol. 3, parte 3.

BELL, James Stuart (Ed.). *Angels, Miracles, and Heavenly Encounters:* Real-Life Stories of Supernatural Events. Minneapolis: Bethany House Publishers, 2012.

BIRIOTTI, Sophie (ed.). *The Possibility of Angels:* a Literary Anthology. San Francisco: Chronicle Books, 1997.

BLACK, Matthew. *The Book of Enoch or 1 Enoch*. Leiden: E. J. Brill, 1985.

BLOOM, Harold. *Omens of Millennium:* the Gnosis of Angels, Dreams, and Resurrection. New York: Riverhead Books, 1996.

BURNHAM, Sophy. *A Book of Angels*. New York: Ballantine Books, 1990.

BUSSAGLI, Marco. *Angels*. New York: Abrams Books, 2007.

*By Heart:* an Anthology of Memorable Poems Chosen from All Periods. Editado por Francis Maynell. London: Nonesuch Press, 1965.

BYRON, George Gordon. *The Works of Lord Byron:* Including the Suppressed Poems. Paris: A. and W. Galignani. HathiTrust. 1828. Disponível em: <https://babel.hathitrust.org/cgi/pt?id=hvd.hwnsbp;view=1up;seq=11>.

CHARLES, R. H. (Ed.). *The Apocrypha and Pseudepigrapha of the Old Testament in English*. Oxford: Clarendon Press, 1913.

_____ (Trad. e Ed.). *The Book of Enoch or 1 Enoch*. Oxford: Oxford University Press, 1912.

_____ (Ed.). *The Greek Versions of the Testaments of the Twelve Patriarchs*. Oxford: Clarendon Press, 1908.

CHASE, Steven (Trad. e Ed.). *Angelic Spirituality:* Medieval Perspectives on the Ways of the Angels. New York: Paulist Press, 2002.

CONYBEARE, Frederick G. (Trad.). "The Testament of Solomon". *Jewish Quarterly Review*, vol. 11, out. 1898, p. 15-45. Editado por Joseph H. Peterson para Esoteric Archives, 1997. Disponível em: <http://www.esotericarchives.com/solomon/testamen.htm>.

CORTENS, Theolyn. *Living with Angels:* Bringing Angels into Your Everyday Life. London: Piatkus, 2003.

_____. *Working with Your Guardian Angel: An Inspirational 12-Week Programme for Finding Your Life's Purpose*. London: Piatkus, 2005.

CRUZ, Joan Carroll. *Angels & Devils*. Rockford: TAN Books, 2009.

DAVIDSON, Gustav. *A Dictionary of Angels:* Including the Fallen Angels. New York: The Free Press, 1967.

DeSTEFANO, Anthony. *Angels all Around Us:* a Sightseeing Guide to the Invisible World. Colorado Springs: Image Books, 2012.

DICKASON, C. Fred. *Angels Elect and Evil*. Chicago: Moody Press, (1995) 1975.

EINSTEIN, Albert. *Living Philosophies*. New York: Simon and Schuster, 1937.

EVANS, Hilary. *Gods, Spirits, Cosmic Guardians:* a Comparative Study of the Encounter Experience. Wellingborough: The Aquarian Press, 1987.

FIELD, M. J. *Angels and Ministers of Grace:* an Ethnopsychiatrist's Contribution to Biblical Criticism. London: Longman, 1971.

FLETCHER, Adrian. "The Major Basilica of Santa Maria Maggiore: Triumphal Arch Mosaics (c430)". Paradox Place. 2016. Disponível em: <http://www.paradoxplace.com/Perspectives/Rome%20&%20Central%20Italy/Rome/Rome_Churches/Santa_Maria_Maggiore/Santa_Maria_Maggiore_Triumphal_Arch/Santa_Maria_Maggiore_Mosaics_T.htm>. Acesso em: 16 jul. 2016.

FODOR, Nandor. *Encyclopaedia of Psychic Science*. London: Arthurs Press, 1933.

GARFIELD, Laeh Maggie; GRANT, Jack. *Angels and Companions in Spirit*. Berkeley: Celestial Arts Publishing, 1995.

GARRETT, Duane A. *Angels and the New Spirituality*. Nashville: Broadman & Holman Publishers, 1995.

GARRETT, Greg. *Entertaining Judgment:* the Afterlife in Popular Imagination. New York: Oxford University Press, 2015.

GEORGIAN, Linda. *Your Guardian Angels:* use the Power of Angelic Messengers to Empower and Enrich Your Life. New York: Simon and Schuster, 1994.

GIBBS, Nancy. "Angels Among Us". *Time*, 27 dez. 1993, p. 59-60.

GINZBERG, Louis. *Legends of the Jews*. Philadelphia: The Jewish Publication Society, (1909-1938) 2003. 2 vols.

GODDARD, David. *The Sacred Magic of the Angels*. York Beach: Samuel Weiser, 1996.

GONZÁLEZ-WIPPLER, Migene. *Return of the Angels*. St. Paul: Llewellyn Publications, 1999.

GRAHAM, Billy. *Angels: God's Secret Agents*. Dallas: Word Publishing, (1975) 1986.

GUILEY, Rosemary Ellen. *Angels of Mercy*. New York: Pocket Books, 1994.

_____. *Encyclopedia of Angels*. New York: Facts on File, 1996.

HANEGRAAFF, Wouter J. *New Age Religion and Western Culture:* Esotericism in the Mirror of Secular Thought. Albany: Suny Press, 1997.

HARKNESS, Deborah E. *John Dee's Conversations with Angels*. Cambridge: Cambridge University Press, 1999.

HILDEGARD OF BINGEN. *Scivius III. Hildegard con Bingen's Mystical Visions*. Traduzido por Bruce Hozeski. Santa Fe: Inner Traditions, 1985.

HODSON, Geoffrey. *The Coming of the Angels*. London: Rider and Company, 1932.

_____. *The Kingdom of the Gods*. Adyar: The Theosophical Publishing House, 1952.

HOFFMAN, Joel M. *The Bible's Cutting Room Floor:* the Holy Scriptures Missing From Your Bible. New York: Thomas Dunne Books, 2014.

*Holy Bible in the King James Version*. Nashville: Thomas Nelson Publishers, 1984.

HUMANN, Harvey. *The Many Faces of Angels*. Marina del Rey: DeVorss & Company, 1986.

JAMESON, Anna. *Legends of the Madonna*. London: Longmans, Green and Company, (1852) 1890.

_____. *Sacred and Legendary Art*. Boston: Houghton Mifflin and Company, (1857) 1895. vol. 1.

JEREMIAH, David. *What the Bible Says about Angels*. Sisters: Multnomah Publishers, 1996.

JEROME. *The Fathers of the Church*. Traduzido por Thomas P. Scheck. Washington, DC: The Catholic University of America Press, 2008. vol. 117: *Commentary on Matthew*.

JOEL. *Ioelis chronographia compendaria*. Editado por Immanuel Bekker. Bonn: Impensis Ed. Weberi, 1836.

JOHN OF DAMASCUS. *An Exposition of the Orthodox Faith. Book II. In Nicene and Post-Nicene Fathers*. Traduzido por E. W. Watson e L. Pullan e editado por Philip Schaff e Henry Wace. Buffalo: Christian Literature Publishing Co. (1899) 2009. Segunda série, vol. 9. Revisado e editado por Kevin Knight. New Advent, Disponível em: <http://www.newadvent.org/fathers/33042.htm>.

JOHN PAUL II. "Regina Caeli". *Easter Monday address*. Libreria Editrice Vaticana. 31 mar. 1997. Disponível em: <http://w2.vatican.va/content/john-paul-ii/en/angelus/1997/documents/hf_jp-ii_reg_19970331.html>.

JOVANOVIC, Pierre. *An Inquiry into the Existence of Guardian Angels:* a Journalist's Investigative Report. New York: M. Evans and Company, 1995.

KABBANI, Shaykh Muhammad Hisham. *Angels Unveiled:* a Sufi Perspective. Prefácio de Sachiko Murata. Chicago: Kazi Publications, 1995.

KECK, David. *Angels and Angelology in the Middle Ages*. Oxford: Oxford University Press, 1998.

LAMBERT, Gray. *The Leaders Are Coming!:* Whom Will You Follow? Bloomington: Westbow Press, 2013.

LINDBERGH, Charles A. *The Spirit of St. Louis*. New York: Charles Scribner's Sons, 1953.

LONGFELLOW, William W. *The Courtship of Miles Standish and Other Poems*. Boston: Ticnor and Fields, 1858.

LOXTON, Howard. *The Art of Angels*. London: Regency House, 1995.

MEYER, Marvin. *The Secret Gospels of Jesus*. London: Darton, Longman and Todd, 2005.

MILLER-RUSSO, Linda; MILLER-RUSSO, Peter. *Angelic Enlightenment*: a Personal Process. St. Paul: Llewellyn Publications, 1999.

MILTON, John. *Harvard Classics*. Editado por Charles W. Eliot. New York: P.F. Collier & Son, (1909-1914) 2001. v. 4: *The Complete Poems of John Milton*. Bartleby.com, 2001. Disponível em: <http://www.bartleby.com/4/>.

MOOLENBURGH, H. C. *A Handbook of Angels*. Saffron Walden: The C. W. Daniel Company, 1984.

NAHMAD, Claire. *Summoning Angels: How to Call on Angels in Every Life Situation*. London: Watkins Publishing, 2004.

NEWHOUSE, Flower A. *Angels of Nature*. Editado por Stephen Isaac. Wheaton: Quest Books, 1995.

_____. *Rediscovering the Angels*. Escondido: The Christward Ministry, 1950.

_____. *The Kingdom of the Shining Ones*. Escondido: The Christward Ministry, 1955.

NICHOLS, Sallie. *Jung and Tarot*: an Archetypal Story. New York: Weiser Books, 1980.

OPPENHEIM, A. Leo. *Ancient Mesopotamia:* Portrait of a Dead Civilization. Chicago: University of Chicago Press, 1964.

OXFORD UNIVERISTY AND CAMBRIDGE UNIVERSITY. *The Apocrypha:* translated out of the Greek and Latin tongues: being the version set forth A.D. 1611 compared with the most ancient authorities and revised A.D. 1894. Oxford: Oxford University Press; Cambridge: Cambridge University Press, 1895.

PARENTE, Alessio. *"Send Me Your Guardian Angel" Padre Pio*. Amsterdam, NY: The Noteworthy Company, 1983.

PARISEN, Maria (comp.). *Angels & Mortals:* their Co-Creative Power. Wheaton: Theosophical Publishing House, 1990.

POLOMA, Margaret; GALLUP, George. *Varieties of Prayer.* Harrisburg: Trinity Press International, 1990.

PSEUDO-DIONYSIUS. *Pseudo-Dionysius:* The Complete Works. Traduzido por Colm Luiheid. Mahwah: Paulist Press, 1987.

REDFIELD, James; MURPHY, Michael; TIMBERS, Sylvia. *God and the Evolving Universe.* New York: Jeremy P. Tarcher/Putnam, 2002.

RICHARDS, Larry. *Every Good and Evil Angel in the Bible.* Nashville: Thomas Nelson, 1998.

ROBERTS, Ursula. *The Mystery of the Human Aura.* London: The Spiritualist Association of Great Britain, 1950.

ROLAND, Paul. *Angels:* an Introduction to Angelic Guidance, Inspiration and Love. London: Piatkus, 1999.

RONNER, John. *Know Your Angels:* the Angel Almanac with Biographies of 100 Prominent Angels in Legend and Folklore, and Much More. Murfreesboro: Mamre Press, 1993.

_____. GANGLOFF, Fran. *the Angel Calendar Book:* 365 Days Tied to the Angels. Murfreesboro: Mamre Press, 2000.

RUSSELL, Jeffrey Burton. *A History of Heaven:* the Singing Silence. Princeton: Princeton University Press, 1998.

SARDELLO, Robert (Ed.). *The Angels.* Dallas: Dallas Insitute Publications, 1994.

SCHNEIBLE, Ann. "Be Like Children – Believe in Your Guardian Angel, Pope Says". *Catholic News Agency*, 2 out. 2014. Disponível em: <http://www.catholicnewsagency.com/news/be-like-children-believe-in-your-guardian-angel-pope-says-55343/>.

SCHNEIDER, Petra; PIEROTH, Gerhard K. *Archangels and Earthangels:* an Inspiring Handbook on Spiritual Helpers in the Metaphysical and Earthly Spheres. Traduzido por Christine M. Grimm. Twin Lakes: Arcana Publishing, 2000.

SHAKESPEARE, William. *Tragedies.* Editado por Peter Alexander. London: William Collins Son & Company, 1958.

SKINNER, Stephen; RANKINE, David. *Practical Angel Magic of Dr. John Dee's Enochian Tables*. Singapore: Golden Hoard Press, 2004.

STEINER, Rudolf. *The Archangel Michael:* his Mission and Ours. Hudson: Anthroposophic Press, 1994.

STEINSALTZ, Adin. *The Talmud:* the Steinhaltz Edition. New York: Random House, 1989. vol. 1: *Tractate Bava Metzia, Part One*.

SWEDENBORG, Emanuel. *Heaven and Hell*. Traduzido por George F. Dole. New York: Pillar Books, 1976.

*The Ante-Nicene Fathers:* the Twelve Patriarchs, Excerpts and Epistles, The Clementina, Apocrypha, Decretals, Memoirs of Edessa and Syriac Documents, Remains of the First Ages. Editado por Alexander Roberts, James Donaldson, Arthur Cleveland Coxe e Allan Menzies. New York: Charles Scribner's Sons, 1886.

THE SHEPHERD OF HERMAS. *In The Lost Books of the Bible*: Being All the Gospels, Epistles, and Other Pieces Now Extant. New York: Alpha House, (1926) 2009. Revisado por John Bruno Hare. Internet Sacred Text Archive. Disponível em: <http://www.sacred-texts.com/bib/lbob/lbob26.htm>.

*The Sibylline Oracles*. Traduzido por Milton S. Terry. New York: Eaton and Mains, 1899.

THOMPSON, Francis. "Ex Ore Infantium". *Merry England*, maio 1893.

TYSON, Donald. *Enochian Magic for Beginners:* the Original System of Angel Magic. St. Paul: Llewellyn Publications, 1997.

VON HOCHHEIM, Eckhart. "Sermon Nine". Em *The Reading and Preaching of the Scriptures in the Worship of the Christian Church*, de Hughes Oliphant Old. . Grand Rapids: Wm. B. Eerdmans Publishing Company, 1998. vol. 3: *The Medieval Church*.

WEBBER, Bill. "The Angels of Martin Luther King, Jr". Beliefnet, jan. 2009. Disponível em: <http://www.beliefnet.com/inspiration/angels/2009/01/angels-of-martin-luther-king-jr.aspx>.

WEBSTER, Richard. *Encyclopedia of Angels*. Woodbury: Llewellyn Publications, 2009.

_____. *Gabriel:* Communicating with the Archangel for Inspiration & Reconciliation. St. Paul: Llewellyn Publications, 2005.

_____. *Michael:* Communicating with the Archangel for Guidance & Protection. St. Paul: Llewellyn Publications, 2004.

_____. *Praying with Angels.* Woodbury: Llewellyn Publications, 2007.

_____. *Raphael:* Communicating with the Archangel for Healing & Creativity. St. Paul: Llewellyn Publications, 2005.

_____. *Rituals for Beginners:* Simple Ways to Connect to Your Spiritual Side. Woodbury: Llewellyn Publications, 2016.

_____. *Spirit Guides & Angel Guardians:* Contact Your Invisible Helpers. St. Paul: Llewellyn Publications, 1998.

_____. *Uriel:* Communicating with the Archangel for Transformation & Tranquility. Woodbury: Llewellyn Publications, 2005.

WILSON, Peter Lamborn. *Angels:* Messengers of the Gods. London: Thames and Hudson, 1980.

Para mais informações sobre a Madras Editora,
sua história no mercado editorial
e seu catálogo de títulos publicados:

Entre e cadastre-se no site:

Para mensagens, parcerias, sugestões e dúvidas, mande-nos um e-mail:

*SAIBA MAIS*

Saiba mais sobre nossos lançamentos,
autores e eventos seguindo-nos no facebook e twitter:

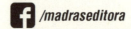